HET ULTIEME KOOKBOEK VOOR HET MIDDEN OOSTEN

Proef 100 rijke smaken uit de Midden Oosterse keuken

Laura Scholten

Auteursrechtelijk materiaal ©2024

Alle rechten voorbehouden

Geen enkel deel van dit boek mag in welke vorm of op welke manier dan ook worden gebruikt of overgedragen zonder de juiste schriftelijke toestemming van de uitgever en eigenaar van het auteursrecht, met uitzondering van korte citaten die in een recensie worden gebruikt. Dit boek mag niet worden beschouwd als vervanging voor medisch, juridisch of ander professioneel advies.

INHOUDSOPGAVE

INHOUDSOPGAVE **3**

INVOERING **7**

ONTBIJT **8**

    1. GALETTES VAN RODE PAPRIKA EN GEBAKKEN EI 9
    2. ACHARULI KHACHAPURI 12
    3. SHAKSHUKA 16
    4. GESTOOFDE EIEREN MET LAMSVLEES, TAHINI EN SUMAK 18

VOORGERECHTEN **21**

    5. BASIS HUMMUS 22
    6. HUMMUS KAWARMA (LAMSVLEES) MET CITROENSAUS 25
    7. STEEN 28
    8. SFIHA OF LAHM BI'AJEEN 30
    9. FALAFEL 33
    10. A'JA (BROODBEIGNETS) 36
    11. SNIJBIETBEIGNETS 38
    12. MUSABAHA (WARME KIKKERERWTEN MET HUMMUS) & GEROOSTERDE PITA 40
    13. MET LAMSVLEES GEVULDE KWEEPEER MET GRANAATAPPEL EN KORIANDER..................43
    14. LATKES 46
    15. RAAP & KALFS "CAKE" 48
    16. GEVULDE UIEN 51
    17. KIBBEH OPENEN 54
    18. GEHAKTE LEVER 57
    19. KUBBEH HAMUSTA 60
    20. GEVULDE ROMANO-PAPRIKA'S 64
    21. GEVULDE AUBERGINE MET LAMSVLEES EN PIJNBOOMPITTEN.............67
    22. GEVULDE AARDAPPELEN 70
    23. GEVULDE ARTISJOKKEN MET ERWTEN & DILLE 73

HOOFDGERECHT **76**

    24. GEROOSTERDE ZOETE AARDAPPELEN EN VERSE VIJGEN 77
    25. NA'AMA IS DIK 80
    26. KRUIDENTAART 83
    27. GEROOSTERDE AUBERGINE MET GEBAKKEN UI.....................................86

28.	Geroosterde pompoen met za'atar	89
29.	Fava Bean Kuku	92
30.	Citroenachtige preigehaktballetjes	95
31.	Wortelgroentensla met labneh	98
32.	Gebakken tomaten met knoflook	100
33.	Chermoula Aubergine met Bulgur & Yoghurt	102
34.	Gebakken bloemkool met tahini	105
35.	Mixgrill uit het Midden-Oosten	108
36.	Gestoofde kwartel met abrikozen en tamarinde	110
37.	Geroosterde kip met clementines	113
38.	Geroosterde kip met artisjok van Jeruzalem	116
39.	Gepocheerde kip met freekeh	119
40.	Kip met ui en kardemomrijst	122
41.	Saffraan Kip & Kruidensalade	125
42.	Sofrito van kip	128
43.	Kofta B'siniyah	131
44.	Rundvleesgehaktballetjes met tuinbonen en citroen	134
45.	Lamsgehaktballetjes met berberissen, yoghurt en kruiden	137
46.	Kalkoen & Courgette Burgers met Groene Ui & Komijn	140
47.	Langzaam gegaard kalfsvlees met pruimen en prei	143
48.	Lamsshoarma	146
49.	Gebakken zeebaars met harissa en roos	149
50.	Vis- en kappertjeskebab met gebrande aubergine en citroenaugurk	152
51.	Gebakken makreel met goudbiet en sinaasappelsalsa	155
52.	Kabeljauwkoekjes in Tomatensaus	158
53.	Gegrilde visspiesjes met hawayej & peterselie	161
54.	Garnalen, Sint-jakobsschelpen en mosselen met tomaat en feta	164
55.	Zalmsteaks in Chraimeh-saus	167
56.	Gemarineerde zoetzure vis	170
57.	Pompoen- en tahinipasta	173
58.	Polpettone	175
59.	Verkoolde okra met tomaat	179
60.	Verbrande Aubergine met Granaatappelzaadjes	181
61.	Tabouleh	184
62.	Geroosterde aardappelen met karamel en pruimen	187
63.	Snijbiet met tahini, yoghurt en beboterde pijnboompitten	190
64.	Saffraanrijst met berberissen, pistache en gemengde kruiden	193

65.	SABIH	196
66.	MEJADRA	199
67.	TARWEBESSEN EN SNIJBIET MET GRANAATAPPELMELASSE	202
68.	BALILAH	204
69.	BASMATIRIJST & ORZO	206
70.	BASMATI & WILDE RIJST MET KIKKERERWTEN, KRENTEN & KRUIDEN	208
71.	GERSTERISOTTO MET GEMARINEERDE FETA	211
72.	CONCHIGLIE MET YOGHURT, ERWTEN & CHILI	214
73.	MAQLUBA	216
74.	COUSCOUS MET TOMAAT EN UI	220

SALADES 223

75.	BABYSPINAZIESALADE MET DADELS EN AMANDELEN	224
76.	RAUWE ARTISJOK-KRUIDENSALADE	226
77.	PETERSELIE & GERST SALADE	228
78.	GEMENGDE BONENSALADE	230
79.	KOOLRABI SALADE	233
80.	PITTIGE WORTELSALADE	235
81.	FRICASSEE-SALADE	237
82.	SALADE VAN GEKRUIDE KIKKERERWTEN EN GROENTEN	240
83.	GROVE COURGETTE-TOMATENSALADE	243
84.	PITTIGE SALADE VAN BIETEN, PREI EN WALNOTEN	246
85.	SALADE VAN GEROOSTERDE BLOEMKOOL EN HAZELNOOT	249

SOEPEN 251

86.	WATERKERS-KIKKERERWTENSOEP MET ROZENWATER	252
87.	WARME YOGHURT-GERSTSOEP	255
88.	CANNELLINIBONEN-LAMSSOEP	257
89.	ZEEVRUCHTEN & VENKELSOEP	260
90.	PISTACHE SOEP	263
91.	VERBRANDE AUBERGINE & MOGRABIEH SOEP	266
92.	TOMATEN-ZUURDESEMSOEP	269
93.	HELDERE KIPPENSOEP MET KNAIDLACH	271
94.	PITTIGE FREEKEHSOEP MET GEHAKTBALLETJES	275

NAGERECHT 278

95.	ZOETE FILO-SIGAREN	279

96.	Gepureerde bieten met yoghurt & za'atar	282
97.	Kaach Bilmalch	284
98.	Burekas	287
99.	Graybeh	290
100.	Mutabbaq	292

CONCLUSIE 295

INVOERING

Begeef je op een culinaire odyssee die tijd en grenzen overstijgt terwijl we je uitnodigen om het levendige scala aan smaken te ontdekken in 'Het ultieme kookboek voor het Midden-Oosten'. Op de pagina's van dit gastronomische meesterwerk duiken we diep in het hart van de Midden-Oosterse keuken en presenteren we een verleidelijke reeks van 100 recepten die de rijkdom en diversiteit van deze oude culinaire traditie samenvatten.

Stel je de aroma's van exotische kruiden voor die door de drukke marktplaatsen zweven, het gesis van vlees op open grills en de warme gastvrijheid die dineren in het Midden-Oosten definieert. Van de zonovergoten oevers van de Middellandse Zee tot de met kruiden beladen bazaars van het Arabische schiereiland, dit kookboek is jouw paspoort om te genieten van de onderscheidende en boeiende smaken die door de eeuwen heen zijn geperfectioneerd.

Onze culinaire reis reikt verder dan alleen recepten; het is een viering van het culturele erfgoed, de traditie en de kunstzinnigheid van de keuken uit het Midden-Oosten. Elk gerecht is een meesterwerk op zich en vertelt een verhaal over regionale invloeden, familietradities en een diepe verbondenheid met het land.

Of u nu een ambitieuze thuiskok bent die graag de authentieke smaken van het Midden-Oosten wil nabootsen of een doorgewinterde culinaire ontdekkingsreiziger die uw repertoire wil uitbreiden, deze recepten zijn zorgvuldig samengesteld om u door de ingewikkelde nuances van de Midden-Oosterse keuken te leiden. Dus ga met ons mee terwijl we aan dit smaakvolle avontuur beginnen, waarbij elke pagina een nieuw hoofdstuk ontvouwt in het rijke tapijtwerk van 'Het ultieme kookboek voor het Midden-Oosten'.

ONTBIJT

1. Galettes van Rode Paprika en Gebakken Ei

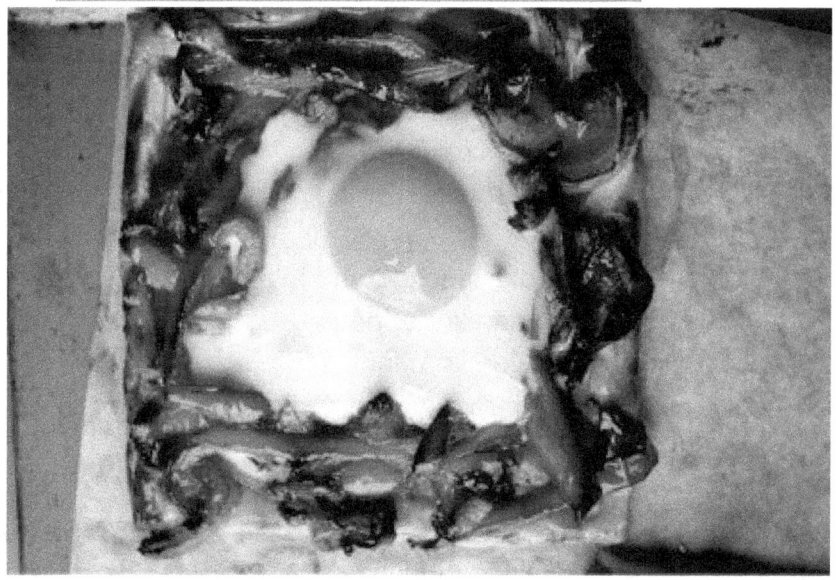

Maakt: 4

INGREDIËNTEN
- 4 middelgrote rode paprika's, gehalveerd, zonder zaadjes en in reepjes van ⅜ inch / 1 cm breed gesneden
- 3 kleine uien, gehalveerd en in partjes van 2 cm breed gesneden
- 4 takjes tijm, blaadjes geplukt en fijngehakt
- 1½ theelepel gemalen koriander
- 1½ theelepel gemalen komijn
- 6 el olijfolie, plus extra om af te maken
- 1½ el bladpeterselie, grof gehakt
- 1½ el korianderblaadjes, grof gesneden
- 250 g bladerdeeg van de beste kwaliteit, volledig uit boter
- 2 eetlepels / 30 g zure room
- 4 grote vrije-uitloopeieren (of 160 g fetakaas, verkruimeld), plus 1 ei, lichtgeklopt
- zout en versgemalen zwarte peper

INSTRUCTIES
a) Verwarm de oven voor op 210°C. Meng in een grote kom de paprika, uien, tijmblaadjes, gemalen kruiden, olijfolie en een flinke snuf zout. Verdeel ze over een braadpan en rooster ze gedurende 35 minuten, terwijl je tijdens het koken een paar keer roert. De groenten moeten zacht en zoet zijn, maar niet te knapperig of bruin, omdat ze dan verder garen. Haal het uit de oven en roer de helft van de verse kruiden erdoor. Proef of je op smaak bent en zet apart. Zet de oven op 220°C.

b) Rol het bladerdeeg op een licht met bloem bestoven oppervlak uit tot een vierkant van 30 cm (12 inch) van ongeveer 3 mm dik en snijd het in vier vierkanten van 15 cm (6 inch). Prik de vierkanten rondom in met een vork en plaats ze, goed verdeeld, op een bakplaat bekleed met bakpapier. Laat minimaal 30 minuten rusten in de koelkast.

c) Haal het deeg uit de koelkast en bestrijk de bovenkant en zijkanten met losgeklopt ei. Verdeel met behulp van een spatel of de achterkant van een lepel 1½ theelepel zure room over elk vierkantje, laat een rand van 0,5 cm rond de randen vrij. Verdeel 3 eetlepels van het pepermengsel over de met zure room belegde vierkanten en laat de randen vrij om te rijzen. Het moet redelijk gelijkmatig worden verdeeld, maar laat een ondiep kuiltje in het midden achter waar later een ei in kan.

d) Bak de galetten gedurende 14 minuten. Haal de bakplaat uit de oven en breek voorzichtig een heel ei in het kuiltje in het midden van elk gebakje. Zet terug in de oven en bak nog 7 minuten, tot de eieren net gestold zijn. Bestrooi met zwarte peper en de overige kruiden en besprenkel met olie. Serveer in één keer.

2. Acharuli Khachapuri

Maakt: 6
INGREDIËNTEN
DEEG
- 2 kopjes / 250 g broodmeel
- 1½ theelepel snel rijzende actieve droge gist
- 1 groot vrije-uitloop ei, losgeklopt
- ½ kopje / 110 g Griekse yoghurt
- ¼ kopje / 60 ml lauw water
- ½ theelepel zout

VULLING
- 1½ oz / 40 g halloumi-kaas, gesneden in blokjes van ¼ inch / 0,5 cm
- 2 eetlepels / 20 g verkruimelde fetakaas
- ¼ kopje / 60 g ricottakaas
- ¼ kopje / 60 g ricottakaas
- ¼ theelepel gemalen zwarte peper
- ⅛ theelepel zout, plus extra om af te maken
- ½ el gehakte tijm, plus extra om te bestrooien
- ½ eetlepel za'atar
- geraspte schil van ½ citroen
- 6 grote vrije-uitloopeieren
- olijfolie, om te serveren

INSTRUCTIES

a) Begin met het deeg. Zeef de bloem in een grote mengkom en voeg de gist toe. Meng licht. Maak een kuiltje in het midden en giet de helft van het ei erin (bewaar de andere helft om later de broodjes mee te bestrijken), de yoghurt en het lauwe water. Strooi het zout rond het kuiltje.

b) Begin het mengsel te roeren, voeg indien nodig een fractie meer water toe (niet veel; dit deeg moet droog zijn), totdat alles samenkomt in een ruw deeg. Leg het op een werkoppervlak en kneed het met de hand gedurende 10 minuten, tot je een zacht, elastisch deeg hebt dat niet plakkerig is. Doe het deeg terug in de kom, dek af met een theedoek en laat het op kamertemperatuur rijzen tot het in volume verdubbeld is, 1 tot 1½ uur.

c) Kneed opnieuw om de lucht eruit te slaan. Verdeel het deeg in 6 gelijke porties en rol elk stuk tot een bal. Leg het op een licht met bloem bestoven oppervlak, dek af met een handdoek en laat 30 minuten rijzen.

d) Om de vulling te bereiden, combineer alle ingrediënten behalve de eieren en olijfolie en roer goed. Plaats een bakplaat in de oven en verwarm voor op 220 °C.

e) Rol de deegballetjes op een goed met bloem bestoven oppervlak uit tot cirkels met een diameter van 16 cm/6½ inch en een dikte van ongeveer ⅙ inch/2 mm. Dit kun je doen met een deegroller of door deze met je handen uit te rekken.

f) Schep ongeveer een zesde van de kaasvulling op het midden van elke cirkel en spreid het iets naar links en rechts uit, zodat het bijna de twee randen van de cirkel bereikt. Neem de rechter- en linkerkant tussen je vingers en knijp ze terwijl je het deeg een beetje uitrekt, zodat een langwerpig, bootvormig deeg ontstaat met de kaas in het midden. Maak de zijwanden recht en probeer ze minimaal 3 cm hoog en breed te maken, zodat er in het midden voldoende ruimte is voor de kaas en het hele ei dat later wordt toegevoegd. Knijp de uiteinden nog een keer samen, zodat ze tijdens het koken niet opengaan.

g) Bestrijk de broodjes met het resterende halve ei en leg ze op een vel bakpapier ter grootte van je bakplaat. Strooi wat tijmblaadjes over de broodjes. Haal de bakplaat uit de oven, plaats snel het bakpapier en de broodjes op de pan en zet de pan meteen terug in de oven. Bak gedurende 15 minuten, totdat de randen goudbruin zijn.

h) Haal de bakplaat uit de oven. Breek een ei in een klein kopje. Zonder hem te breken, tilt u de dooier voorzichtig met uw vingers op en plaatst u deze in het midden van een van de rollen. Giet er zoveel eiwit bij als past, en herhaal dit met de overige eieren en broodjes. Maak je geen zorgen als er wat eiwit overloopt; het maakt allemaal deel uit van de rustieke charme. Zet de pan terug in de oven en bak gedurende 5 minuten. Het eiwit moet gestold zijn en de dooiers moeten vloeibaar blijven. Laat het 5 minuten afkoelen voordat je het besprenkelt met olijfolie, bestrooi met zout en serveer.

3. Shakshuka

Maakt: 2 TOT 4

INGREDIËNTEN
- 2 eetlepels olijfolie
- 2 eetlepels Pilpelchuma of harissa (gekocht in de winkel of zie recept)
- 2 theelepels tomatenpuree
- 2 grote rode paprika's, in dobbelsteentjes van ¼ inch / 0,5 cm gesneden (2 kopjes / 300 g in totaal)
- 4 teentjes knoflook, fijngehakt
- 1 theelepel gemalen komijn
- 5 grote, zeer rijpe tomaten, gehakt (5 kopjes / 800 g in totaal); ingeblikt is ook prima
- 4 grote vrije-uitloopeieren, plus 4 eierdooiers
- ½ kopje / 120 g labneh (gekocht in de winkel of zie recept) of dikke yoghurt
- zout

INSTRUCTIES

a) Verhit de olijfolie in een grote koekenpan op middelhoog vuur en voeg de pilpelchuma of harissa, tomatenpuree, paprika, knoflook, komijn en ¾ theelepel zout toe. Roer en kook op middelhoog vuur gedurende ongeveer 8 minuten, zodat de paprika's zacht worden. Voeg de tomaten toe, breng zachtjes aan de kook en kook nog 10 minuten tot je een behoorlijk dikke saus hebt. Smaak voor kruiden.

b) Maak 8 kleine dipjes in de saus. Breek de eieren voorzichtig en giet ze elk voorzichtig in hun eigen dip. Doe hetzelfde met de dooiers. Gebruik een vork om de eiwitten een beetje door de saus te roeren en zorg ervoor dat de dooiers niet breken. Laat 8 tot 10 minuten zachtjes sudderen, tot het eiwit gestold is, maar de dooiers nog steeds vloeibaar zijn (je kunt de pan afdekken met een deksel als je het proces wilt versnellen).

c) Haal van het vuur, laat een paar minuten rusten, schep het dan in afzonderlijke borden en serveer met de labneh of yoghurt.

4. Gestoofde eieren met lamsvlees, tahini en sumak

Maakt: 4

INGREDIËNTEN
- 1 eetlepel olijfolie
- 1 grote ui, fijngehakt (1¼ kopjes / 200 g in totaal)
- 6 teentjes knoflook, in dunne plakjes gesneden
- 300 g lamsgehakt
- 2 tl sumak, plus extra om af te maken
- 1 theelepel gemalen komijn
- ½ kopje / 50 g geroosterde ongezouten pistachenoten, geplet
- 7 el / 50 g geroosterde pijnboompitten
- 2 theelepels harissapasta (gekocht in de winkel of zie recept)
- 1 eetlepel fijngehakte gekonfijte citroenschil (in de winkel gekocht of zie recept)
- 1⅓ kopjes / 200 g kerstomaatjes
- ½ kopje / 120 ml kippenbouillon
- 4 grote vrije-uitloopeieren
- ¼ kopje / 5 g geplukte korianderblaadjes, of 1 eetlepel Zhoug
- zout en versgemalen zwarte peper

YOGHURTSAUS
- ½ kopje / 100 g Griekse yoghurt
- 1½ el / 25 g tahinipasta
- 2 el vers geperst citroensap
- 1 eetlepel water

INSTRUCTIES

a) Verhit de olijfolie op middelhoog vuur in een middelgrote koekenpan met dikke bodem en een goed sluitend deksel. Voeg de ui en knoflook toe en bak 6 minuten zodat ze zacht worden en een beetje kleuren. Zet het vuur hoog, voeg het lamsvlees toe en bak het goed bruin, 5 tot 6 minuten. Breng op smaak met de sumak, komijn, ¾ theelepel zout en wat zwarte peper en kook nog een minuut. Zet het vuur uit, roer de noten, harissa en gekonfijte citroen erdoor en zet opzij.

b) Terwijl de ui kookt, verwarm je een aparte kleine gietijzeren of andere zware pan op hoog vuur. Zodra ze gloeiend heet zijn, voeg je de kerstomaatjes toe en laat je ze 4 tot 6 minuten braden, terwijl je ze af en toe in de pan gooit, tot ze aan de buitenkant lichtjes zwart zijn. Opzij zetten.

c) Maak de yoghurtsaus door alle ingrediënten met een snufje zout door elkaar te kloppen. Het moet dik en rijk zijn, maar als het stijf is, kan het zijn dat je een scheutje water moet toevoegen.

d) Je kunt het vlees, de tomaten en de saus in dit stadium maximaal een uur laten staan. Wanneer u klaar bent om te serveren, verwarm het vlees opnieuw, voeg de kippenbouillon toe en breng aan de kook. Maak 4 kleine kuiltjes in het mengsel en breek in elk kuiltje een ei. Dek de pan af en kook de eieren op laag vuur gedurende 3 minuten. Leg de tomaten erop, vermijd de dooiers, dek opnieuw af en laat 5 minuten koken, tot het eiwit gaar is maar de dooiers nog vloeibaar zijn.

e) Haal van het vuur en besprenkel met klodders yoghurtsaus, bestrooi met sumak en werk af met de koriander. Serveer in één keer.

VOORGERECHTEN

5. Basis hummus

Maakt: 6
INGREDIËNTEN
- 1¼ kopjes / 250 g gedroogde kikkererwten
- 1 theelepel zuiveringszout
- 6½ kopjes / 1,5 liter water
- 1 kopje plus 2 eetlepels / 270 g lichte tahinipasta
- 4 eetlepels vers geperst citroensap
- 4 teentjes knoflook, geperst
- 6½ el / 100 ml ijskoud water
- zout

INSTRUCTIES

a) Doe de kikkererwten de avond ervoor in een grote kom en bedek ze met koud water, minstens tweemaal hun volume. Laat een nacht weken.

b) Giet de volgende dag de kikkererwten af. Zet een middelgrote pan op hoog vuur en voeg de uitgelekte kikkererwten en baking soda toe. Kook ongeveer 3 minuten, onder voortdurend roeren. Voeg het water toe en breng aan de kook. Kook en verwijder eventueel schuim en eventuele velletjes die naar de oppervlakte drijven. De kikkererwten moeten afhankelijk van de soort en versheid tussen de 20 en 40 minuten koken, soms zelfs langer. Als ze klaar zijn, moeten ze heel zacht zijn en gemakkelijk uit elkaar vallen als je ze tussen duim en vinger drukt, bijna maar niet helemaal papperig.

c) Giet de kikkererwten af. U zou nu ongeveer 3⅔ kopjes / 600 g moeten hebben. Doe de kikkererwten in een keukenmachine en verwerk tot een stijve pasta ontstaat. Voeg vervolgens, terwijl de machine nog draait, de tahinipasta, het citroensap, de knoflook en 1½ theelepel zout toe. Voeg ten slotte langzaam het ijswater toe en laat het ongeveer 5 minuten mixen, totdat je een zeer gladde en romige pasta krijgt.

d) Doe de hummus in een kom, bedek het oppervlak met plasticfolie en laat het minimaal 30 minuten rusten. Als u het niet meteen gebruikt, bewaar het dan in de koelkast totdat u het nodig heeft. Zorg ervoor dat je hem minimaal 30 minuten voor het serveren uit de koelkast haalt.

6. **Hummus Kawarma (Lamsvlees) met Citroensaus**

Maakt: 6

INGREDIËNTEN
KAWARMA
- 300 g lamsnekfilet, met de hand fijngehakt
- ¼ theelepel versgemalen zwarte peper
- ¼ theelepel versgemalen witte peper
- 1 theelepel gemalen piment
- ½ theelepel gemalen kaneel
- flinke snuf vers geraspte nootmuskaat
- 1 theelepel gemalen gedroogde za'atar- of oreganobladeren
- 1 eetl witte wijnazijn
- 1 eetl gehakte munt
- 1 eetl fijngehakte platte peterselie
- 1 theelepel zout
- 1 el ongezouten boter of ghee
- 1 theelepel olijfolie

CITROENSAUS
- ⅓ oz / 10 g platte peterselie, fijngehakt
- 1 groene chili, fijngehakt
- 4 eetlepels vers geperst citroensap
- 2 eetlepels witte wijnazijn
- 2 teentjes knoflook, geperst
- ¼ theelepel zout

INSTRUCTIES
a) Om de kawarma te maken, doe je alle ingrediënten behalve de boter of ghee en olie in een middelgrote kom. Meng goed, dek af en laat het mengsel 30 minuten in de koelkast marineren.

b) Net voordat je klaar bent om het vlees te koken, doe je alle ingrediënten voor de citroensaus in een kleine kom en roer goed.

c) Verhit de boter of ghee en de olijfolie in een grote koekenpan op middelhoog vuur. Voeg het vlees in twee of drie porties toe en roer terwijl je elke batch gedurende 2 minuten bakt. Het vlees moet in het midden lichtroze zijn.

d) Verdeel de hummus over 6 afzonderlijke ondiepe kommen en laat in het midden van elk een kleine holte achter. Schep de warme kawarma in de holte en bestrooi met de gereserveerde kikkererwten.

e) Besprenkel rijkelijk met de citroensaus en garneer met wat peterselie en de pijnboompitten.

7. Steen

Maakt: 2
INGREDIËNTEN
- ongeveer 1 kopje / 250 ml zonnebloemolie
- 2 cirkels feuilles de brickdeeg, 10 tot 12 inch / 25 tot 30 cm in diameter
- 3 eetlepels gehakte platte peterselie
- 1½ eetlepel gehakte groene ui, zowel groene als witte delen
- 2 grote vrije-uitloopeieren
- zout en versgemalen zwarte peper

INSTRUCTIES
a) Giet de zonnebloemolie in een middelgrote pan; het moet ongeveer ¾ inch / 2 cm langs de zijkanten van de pan komen. Zet op middelhoog vuur en laat staan tot de olie heet is. Je wilt het niet te heet hebben, anders verbrandt het deeg voordat het ei gaar is; kleine belletjes zullen naar boven komen wanneer het de juiste temperatuur bereikt.
b) Plaats een van de deegcirkels in een ondiepe kom. (Je kunt een groter stuk gebruiken als je niet veel deeg wilt verspillen en het meer wilt vullen.) Je moet snel werken, zodat het deeg niet uitdroogt en stijf wordt. Leg de helft van de peterselie in het midden van de cirkel en bestrooi met de helft van de groene ui. Maak een klein nestje waarin je een ei kunt laten rusten en breek dan voorzichtig een ei in het nest. Bestrooi rijkelijk met peper en zout en vouw de zijkanten van het deeg naar binnen tot een pakketje. De vier vouwen zullen elkaar overlappen, zodat het ei volledig omsloten is. Je kunt het deeg niet afsluiten, maar een nette vouw moet het ei binnen houden.
c) Draai het pakketje voorzichtig om en plaats het voorzichtig in de olie, met de dichte kant naar beneden. Bak 60 tot 90 seconden aan elke kant, tot het deeg goudbruin is. Het eiwit moet gestold zijn en de dooier nog vloeibaar. Haal het gekookte pakketje uit de olie en plaats het tussen keukenpapier om de overtollige olie op te nemen. Houd warm terwijl je het tweede deeg bakt. Serveer beide pakketten tegelijk.

8. Sfiha of Lahm Bi'ajeen

Maakt: ONGEVEER 14 GEBAKJES

TOPPING

INGREDIËNTEN
- 250 g lamsgehakt
- 1 grote ui, fijngehakt (1 volle kop / 180 g in totaal)
- 2 middelgrote tomaten, fijngehakt (1½ kopjes / 250 g)
- 3 eetlepels lichte tahinipasta
- 1¼ theelepel zout
- 1 theelepel gemalen kaneel
- 1 theelepel gemalen piment
- ⅛ theelepel cayennepeper
- 1 oz / 25 g platte peterselie, gehakt
- 1 eetl vers geperst citroensap
- 1 eetl granaatappelmelasse
- 1 eetl sumak
- 3 el / 25 g pijnboompitten
- 2 citroenen, in partjes gesneden

DEEG
- 1⅔ kopjes / 230 g broodmeel
- 1½ eetl melkpoeder
- ½ eetlepel zout
- 1½ theelepel snel rijzende actieve droge gist
- ½ theelepel bakpoeder
- 1 eetlepel suiker
- ½ kopje / 125 ml zonnebloemolie
- 1 groot vrije-uitloop ei
- ½ kopje / 110 ml lauw water
- olijfolie, om te bestrijken

INSTRUCTIES

a) Begin met het deeg. Doe de bloem, melkpoeder, zout, gist, bakpoeder en suiker in een grote mengkom. Roer goed om te mengen en maak dan een kuiltje in het midden. Doe de zonnebloemolie en het ei in het kuiltje en roer terwijl je het water toevoegt. Wanneer het deeg samenkomt, breng het over naar een werkoppervlak en kneed het gedurende 3 minuten, tot het elastisch en uniform is. Doe het in een kom, bestrijk het met wat olijfolie, dek het af met een handdoek op een warme plek en laat het 1 uur staan. Het deeg moet dan iets gerezen zijn.

b) Gebruik je handen in een aparte kom om alle ingrediënten voor de topping door elkaar te mengen, behalve de pijnboompitten en partjes citroen. Opzij zetten.

c) Verwarm de oven voor op 230°C. Bekleed een grote bakplaat met bakpapier.

d) Verdeel het gerezen deeg in balletjes van 50 g; je zou er ongeveer 14 moeten hebben. Rol elke bal uit tot een cirkel met een diameter van ongeveer 5 inch / 12 cm en een dikte van ⅙ inch / 2 mm. Bestrijk elke cirkel aan beide kanten lichtjes met olijfolie en leg ze op de bakplaat. Dek af en laat 15 minuten rijzen.

e) Gebruik een lepel om de vulling over de gebakjes te verdelen en verdeel het gelijkmatig zodat het het deeg volledig bedekt. Bestrooi met de pijnboompitten. Laat het nog eens 15 minuten rijzen en zet het dan ongeveer 15 minuten in de oven, tot het net gaar is. Je wilt er zeker van zijn dat het deeg net gebakken is en niet te gaar; de topping moet van binnen lichtroze zijn en het deeg aan de onderkant goudbruin. Haal het uit de oven en serveer warm of op kamertemperatuur met de partjes citroen.

9. Falafel

Maakt: ONGEVEER 20 BALLEN

INGREDIËNTEN
- 1¼ kopjes / 250 g gedroogde kikkererwten
- ½ middelgrote ui, fijngehakt (½ kopje / 80 g in totaal)
- 1 teentje knoflook, geperst
- 1 eetl fijngehakte platte peterselie
- 2 eetl fijngehakte koriander
- ¼ theelepel cayennepeper
- ½ theelepel gemalen komijn
- ½ theelepel gemalen koriander
- ¼ theelepel gemalen kardemom
- ½ theelepel bakpoeder
- 3 eetlepels water
- 1½ eetlepel bloem voor alle doeleinden
- ongeveer 3 kopjes / 750 ml zonnebloemolie, om te frituren
- ½ theelepel sesamzaad, voor coating
- zout

INSTRUCTIES

a) Doe de kikkererwten in een grote kom en bedek ze met koud water, minstens tweemaal hun volume. Zet opzij om een nacht te laten weken.

b) Laat de volgende dag de kikkererwten goed uitlekken en meng ze met de ui, knoflook, peterselie en koriander. Voor het beste resultaat gebruik je voor het volgende deel een vleesmolen. Haal het kikkererwtenmengsel één keer door de machine, zet de stand op de fijnste stand en haal het vervolgens voor de tweede keer door de machine. Als je geen vleesmolen hebt, gebruik dan een keukenmachine. Blitz het mengsel in batches en pulseer elk gedurende 30 tot 40 seconden, totdat het fijngehakt is, maar niet papperig of pasteuze, en zichzelf bij elkaar houdt. Voeg na verwerking de kruiden, bakpoeder, ¾ theelepel zout, bloem en water toe. Meng goed met de hand tot een glad en uniform mengsel. Dek het mengsel af en laat het minimaal 1 uur in de koelkast staan, of tot het klaar is voor gebruik.

c) Vul een diepe, middelgrote pan met dikke bodem met voldoende olie tot 7 cm boven de zijkanten van de pan. Verhit de olie tot 350 °F / 180 °C.

d) Druk met natte handen 1 eetlepel van het mengsel in de palm van je hand tot een pasteitje of balletje ter grootte van een kleine walnoot, ongeveer 25 g (je kunt hiervoor ook een natte ijsschep gebruiken).).

e) Bestrooi de balletjes gelijkmatig met sesamzaadjes en frituur ze in gedeelten gedurende 4 minuten, tot ze mooi bruin en gaar zijn. Het is belangrijk dat ze van binnen goed uitdrogen, zorg er dus voor dat ze voldoende tijd in de olie krijgen. Giet af in een vergiet bekleed met keukenpapier en serveer meteen.

10. A'ja (broodbeignets)

Maakt: ONGEVEER 8 FRITTERS

INGREDIËNTEN
- 4 sneetjes witbrood, korstjes verwijderd (3 oz / 80 g in totaal)
- 4 extra grote vrije-uitloopeieren
- 1½ theelepel gemalen komijn
- ½ theelepel zoete paprika
- ¼ theelepel cayennepeper
- 1 oz / 25 g bieslook, gehakt
- 1 oz / 25 g platte peterselie, gehakt
- ⅓ oz / 10 g dragon, gehakt
- 40 g fetakaas, verkruimeld
- zonnebloemolie, om te frituren
- zout en versgemalen zwarte peper

INSTRUCTIES

a) Week het brood gedurende 1 minuut in ruim koud water en knijp het daarna goed uit.

b) Verkruimel het geweekte brood in een middelgrote kom, voeg de eieren, kruiden, ½ theelepel zout en ¼ theelepel peper toe en klop goed. Meng de gehakte kruiden en feta erdoor.

c) Verhit 1 eetlepel olie in een middelgrote koekenpan op middelhoog vuur. Schep voor elk beignet ongeveer 3 eetlepels van het mengsel in het midden van de pan en maak het plat met de onderkant van de lepel; de beignets moeten ¾ tot 1¼ inch / 2 tot 3 cm dik zijn. Bak de beignets 2 tot 3 minuten aan elke kant, tot ze goudbruin zijn. Herhaal met het resterende beslag. Je zou ongeveer 8 beignets moeten krijgen.

d) Als alternatief kunt u al het beslag in één keer bakken, net als bij een grote omelet. Snijd en serveer warm of op kamertemperatuur.

11. Snijbietbeignets

Maakt: 4 ALS STARTER
INGREDIËNTEN
- 400 g snijbietbladeren, witte stengels verwijderd
- 1 oz / 30 g platte peterselie
- ⅔ oz / 20 g koriander
- ⅔ oz / 20 g dille
- 1½ theelepel geraspte nootmuskaat
- ½ theelepel suiker
- 3 eetlepels bloem voor alle doeleinden
- 2 teentjes knoflook, geperst
- 2 grote vrije-uitloopeieren
- 3 oz / 80 g fetakaas, in kleine stukjes gebroken
- 4 eetlepels / 60 ml olijfolie
- 1 citroen, in 4 partjes gesneden
- zout en versgemalen zwarte peper

INSTRUCTIES

a) Breng een grote pan gezouten water aan de kook, voeg de snijbiet toe en laat 5 minuten koken. Giet de bladeren af en knijp ze goed uit tot ze volledig droog zijn. Doe het mengsel in een keukenmachine, samen met de kruiden, nootmuskaat, suiker, bloem, knoflook, eieren, royaal ¼ theelepel zout en wat zwarte peper. Pureer tot een gladde massa en spatel vervolgens de feta met de hand door het mengsel.

b) Giet 1 eetlepel olie in een middelgrote koekenpan. Zet het mengsel op middelhoog vuur en schep er voor elke beignet een flinke eetlepel mengsel in. Druk zachtjes naar beneden om een beignet te krijgen van 7 cm breed en 1 cm dik. Er zouden ongeveer 3 beignets tegelijk in moeten passen. Kook de beignets in totaal 3 tot 4 minuten, keer ze één keer om, totdat ze wat kleur hebben gekregen.

c) Doe het mengsel op keukenpapier en houd elke batch warm terwijl je het resterende mengsel kookt. Voeg indien nodig de resterende olie toe. Serveer meteen met de partjes citroen.

12. Musabaha (warme kikkererwten met hummus) & geroosterde pita

Maakt: 6

INGREDIËNTEN
- 1¼ kopjes / 250 g gedroogde kikkererwten
- 1 theelepel zuiveringszout
- 1 eetl gemalen komijn
- 4½ eetlepel / 70 g lichte tahinipasta
- 3 eetlepels vers geperst citroensap
- 1 teentje knoflook, geperst
- 2 eetlepels ijskoud water
- 4 kleine pita's (4 oz / 120 g in totaal)
- 2 eetlepels olijfolie
- 2 eetlepels gehakte platte peterselie
- 1 theelepel zoete paprika
- zout en versgemalen zwarte peper

TAHINI SAUS
- 5 eetlepels / 75 g lichte tahinipasta
- ¼ kopje / 60 ml water
- 1 eetl vers geperst citroensap
- ½ teentje knoflook, geperst

CITROENSAUS
- ⅓ oz / 10 g platte peterselie, fijngehakt
- 1 groene chili, fijngehakt
- 4 eetlepels vers geperst citroensap
- 2 eetlepels witte wijnazijn
- 2 teentjes knoflook, geperst
- ¼ theelepel zout

INSTRUCTIES

a) Volg het Basishummusrecept voor het weken en koken van de kikkererwten, maar kook ze iets minder; ze moeten nog een beetje weerstand hebben, maar nog steeds volledig gaar zijn. Giet de gekookte kikkererwten af en bewaar ⅓ kopjes (450 g) met het bewaarde kookwater, de komijn, ½ theelepel zout en ¼ theelepel peper. Houd het mengsel warm.

b) Doe de overige kikkererwten (1 kopje / 150 g) in een kleine keukenmachine en verwerk tot je een stijve pasta krijgt. Voeg vervolgens, terwijl de machine nog draait, de tahinipasta, het citroensap, de knoflook en ½ theelepel zout toe. Voeg ten slotte langzaam het ijswater toe en meng ongeveer 3 minuten, tot je een zeer gladde en romige pasta krijgt. Laat de hummus opzij liggen.

c) Terwijl de kikkererwten koken, kun je de andere elementen van het gerecht bereiden. Doe voor de tahinisaus alle ingrediënten en een snufje zout in een kleine kom. Meng goed en voeg indien nodig een beetje meer water toe om een consistentie te krijgen die iets vloeibaarder is dan honing.

d) Meng vervolgens alle ingrediënten voor de citroensaus en zet opzij.

e) Open ten slotte de pitabroodjes en scheur de twee kanten uit elkaar. Plaats ze 2 minuten onder een hete grill, tot ze goudbruin en volledig droog zijn. Laat afkoelen voordat je het in vreemd gevormde stukken breekt.

f) Verdeel de hummus over vier individuele ondiepe kommen; zet het niet waterpas en druk het niet naar beneden, je wilt de hoogte. Schep de warme kikkererwten erover, gevolgd door de tahinisaus, de citroensaus en een scheutje olijfolie. Garneer met de peterselie en een beetje paprikapoeder en serveer, samen met de geroosterde pitabroodjes.

13. Met lamsvlees gevulde kweepeer met granaatappel en koriander

Maakt: 4

INGREDIËNTEN
- 400 g lamsgehakt
- 1 teentje knoflook, geperst
- 1 rode chili, gehakt
- ⅔ oz / 20 g koriander, gehakt, plus 2 eetlepels, om te garneren
- ½ kopje / 50 g broodkruimels
- 1 theelepel gemalen piment
- 2 el fijn geraspte verse gember
- 2 middelgrote uien, fijngehakt (1⅓ kopjes / 220 g in totaal)
- 1 groot vrije-uitloop ei
- 4 kweeperen (2¾ lb / 1,3 kg in totaal)
- sap van ½ citroen, plus 1 el vers geperst citroensap
- 3 eetlepels olijfolie
- 8 kardemompeulen
- 2 theelepels granaatappelmelasse
- 2 theelepel suiker
- 2 kopjes / 500 ml kippenbouillon
- zaden van ½ granaatappel
- zout en versgemalen zwarte peper

INSTRUCTIES

a) Doe het lamsvlees in een mengkom, samen met de knoflook, chili, koriander, broodkruimels, piment, de helft van de gember, de helft van de ui, het ei, ¾ theelepel zout en wat peper. Meng goed met je handen en zet opzij.

b) Schil de kweeperen en halveer ze in de lengte. Doe ze in een kom koud water met het sap van de ½ citroen, zodat ze niet bruin worden. Gebruik een meloenballer of een kleine lepel om de zaadjes te verwijderen en hol vervolgens de kweepeerhelften uit, zodat je een schaal van ⅔ inch / 1,5 cm overhoudt. Bewaar het uitgeschepte vruchtvlees. Vul de holtes met het lamsmengsel en druk het met je handen naar beneden.

c) Verhit de olijfolie in een grote koekenpan waar je een deksel op hebt. Doe het achtergehouden kweepeervlees in een keukenmachine, maal het fijn en doe het mengsel samen met de overgebleven ui, gember en kardemompeulen in de pan. Bak gedurende 10 tot 12 minuten, tot de ui zacht is geworden. Voeg de melasse, 1 eetlepel citroensap, suiker, bouillon, ½ theelepel zout en wat zwarte peper toe en meng goed. Voeg de kweepeerhelften toe aan de saus, met de vleesvulling naar boven gericht, zet het vuur laag en laat zachtjes koken, dek de pan af en kook ongeveer 30 minuten. Aan het eind moet de kweepeer helemaal zacht zijn, het vlees goed gaar en de saus dik. Til het deksel op en laat een minuut of twee sudderen om de saus indien nodig in te dikken.

d) Serveer warm of op kamertemperatuur, bestrooid met koriander en granaatappelpitjes.

14. Latkes

Maakt: 12 LATKES

INGREDIËNTEN
- 5½ kopjes / 600 g geschilde en geraspte tamelijk vastkokende aardappelen zoals Yukon Gold
- 2¾ kopjes / 300 g geschilde en geraspte pastinaken
- ⅔ kop / 30 g bieslook, fijngehakt
- 4 eiwitten
- 2 eetlepels maizena
- 5 eetlepels / 80 g ongezouten boter
- 6½ el / 100 ml zonnebloemolie
- zout en versgemalen zwarte peper
- zure room, om te serveren

INSTRUCTIES

a) Spoel de aardappel af in een grote kom met koud water. Giet ze af in een vergiet, knijp het overtollige water eruit en spreid de aardappel vervolgens uit op een schone theedoek om volledig te drogen.

b) Meng in een grote kom de aardappel, pastinaak, bieslook, eiwit, maizena, 1 theelepel zout en veel zwarte peper.

c)

d) Verhit de helft van de boter en de helft van de olie in een grote koekenpan op middelhoog vuur. Gebruik je handen om porties van ongeveer 2 eetlepels van het latke-mengsel eruit te pikken, knijp stevig om een deel van de vloeistof te verwijderen en vorm er dunne pasteitjes van ongeveer 3/8 inch / 1 cm dik en 3¼ inch / 8 cm in diameter. Plaats voorzichtig zoveel latkes als comfortabel in de pan passen, duw ze voorzichtig naar beneden en zet ze waterpas met de achterkant van een lepel. Bak op middelhoog vuur gedurende 3 minuten aan elke kant. De latkes moeten aan de buitenkant helemaal bruin zijn. Haal de gebakken latkes uit de olie, leg ze op keukenpapier en houd ze warm terwijl je de rest kookt. Voeg indien nodig de resterende boter en olie toe. Serveer meteen met zure room ernaast.

15. Raap & kalfs "cake"

Maakt: 4

INGREDIËNTEN
- 1⅔ kopjes / 300 g basmatirijst
- 400 g gemalen kalfs-, lams- of rundvlees
- ½ kopje / 30 g gehakte platte peterselie
- 1½ theelepel baharat kruidenmix (gekocht in de winkel of zie recept)
- ½ theelepel gemalen kaneel
- ½ theelepel chilivlokken
- 2 eetlepels olijfolie
- 10 tot 15 middelgrote rapen (3¼ lb / 1,5 kg in totaal)
- ongeveer 1⅔ kopjes / 400 ml zonnebloemolie
- 2 kopjes / 300 g gehakte tomaten, uit blik zijn prima
- 1½ eetl tamarindepasta
- ¾ kopje plus 2 eetlepels / 200 ml kippenbouillon, heet
- 1 kopje / 250 ml water
- 1½ el superfijne suiker
- 2 takjes tijm, blaadjes geplukt
- zout en versgemalen zwarte peper

INSTRUCTIES

a) Was de rijst en laat goed uitlekken. Doe het in een grote mengkom en voeg het vlees, de peterselie, de baharat, de kaneel, 2 theelepels zout, ½ theelepel peper, chili en olijfolie toe. Meng goed en zet opzij.

b) Schil de rapen en snijd ze in plakjes van ⅜ inch / 1 cm dik. Verhit voldoende zonnebloemolie op middelhoog vuur, zodat deze 2 cm langs de zijkanten van een grote koekenpan komt. Bak de plakjes raap in batches gedurende 3 tot 4 minuten per batch, tot ze goudbruin zijn. Leg het op een bord bekleed met keukenpapier, bestrooi met een beetje zout en laat afkoelen.

c) Doe de tomaten, tamarinde, bouillon, water, suiker, 1 theelepel zout en ½ theelepel peper in een grote mengkom. Klop goed. Giet ongeveer een derde van deze vloeistof in een middelgrote pan met dikke bodem (9½ inch / 24 cm in diameter). Schik een derde van de rapenplakken erin. Voeg de helft van het rijstmengsel toe en strijk glad. Schik nog een laag rapen, gevolgd door de tweede helft van de rijst. Werk af met de laatste rapen en druk ze zachtjes aan met je handen. Giet het resterende tomatenvocht over de raap- en rijstlagen en bestrooi met de tijm. Schuif voorzichtig een spatel langs de zijkanten van de pot zodat de sappen naar de bodem kunnen stromen.

d) Zet op middelhoog vuur en breng aan de kook. Zet het vuur tot een absoluut minimum, dek af en laat 1 uur sudderen. Haal van het vuur, haal het deksel eraf en laat het 10 tot 15 minuten rusten voordat je het serveert. Helaas is het onmogelijk om de cake om te keren op een bord, omdat deze zijn vorm niet behoudt, dus moet hij worden uitgelepeld.

16. Gevulde uien

Maakt: ONGEVEER 16 GEVULDE UIEN

INGREDIËNTEN
- 4 grote uien (2 lb / 900 g in totaal, gepeld gewicht) ongeveer 1⅔ kopjes / 400 ml groentebouillon
- 1½ eetlepel granaatappelmelasse
- zout en versgemalen zwarte peper
- VULLING
- 1½ el olijfolie
- 1 kopje / 150 g fijngehakte sjalotjes
- ½ kopje / 100 g kortkorrelige rijst
- ¼ kopje / 35 g pijnboompitten, gemalen
- 2 eetlepels gehakte verse munt
- 2 eetlepels gehakte platte peterselie
- 2 theelepel gedroogde munt
- 1 theelepel gemalen komijn
- ⅛ theelepel gemalen kruidnagel
- ¼ theelepel gemalen piment
- ¾ theelepel zout
- ½ theelepel versgemalen zwarte peper
- 4 citroenpartjes (optioneel)

INSTRUCTIES

a) Schil de toppen en staarten van de uien en snijd ze ongeveer 0,5 cm af, doe de bijgesneden uien in een grote pan met veel water, breng aan de kook en kook gedurende 15 minuten. Giet af en zet opzij om af te koelen.

b) Om de vulling te bereiden, verwarm de olijfolie in een middelgrote koekenpan op middelhoog vuur en voeg de sjalotjes toe. Bak gedurende 8 minuten, vaak roerend, en voeg dan alle overige ingrediënten toe, behalve de partjes citroen. Zet het vuur laag en blijf koken en roeren gedurende 10 minuten.

c) Maak met een klein mes een lange snede vanaf de bovenkant van de ui tot aan de onderkant, helemaal tot aan het midden, zodat elke laag ui slechts één spleet heeft. Begin voorzichtig met het scheiden van de uienlagen, de een na de ander, totdat je de kern bereikt. Maak je geen zorgen als sommige lagen een beetje door het loslaten scheuren; je kunt ze nog steeds gebruiken.

d) Houd een laag ui in één komvormige hand en schep ongeveer 1 eetlepel van het rijstmengsel in de helft van de ui, plaats de vulling dichtbij het ene uiteinde van de opening. Laat je niet verleiden om hem nog meer te vullen, want hij moet mooi en knus ingepakt worden. Vouw de lege kant van de ui over de gevulde kant en rol hem strak op zodat de rijst bedekt is met een paar laagjes ui zonder lucht in het midden. Plaats het in een middelgrote koekenpan met een deksel, met de naad naar beneden, en ga verder met het resterende uien-rijstmengsel. Leg de uien naast elkaar in de pan, zodat er geen bewegingsruimte is. Vul eventuele ruimtes op met delen van de ui die niet zijn gevuld. Voeg voldoende bouillon toe zodat de uien voor driekwart onderstaan, samen met de granaatappelmelasse, en breng op smaak met ¼ theelepel zout.

e) Dek de pan af en kook op de laagst mogelijke manier gedurende 1½ tot 2 uur, totdat de vloeistof is verdampt. Serveer warm of op kamertemperatuur, eventueel met partjes citroen.

17. Kibbeh openen

Maakt: 6

INGREDIËNTEN
- 1 kopje / 125 g fijne bulgurtarwe
- 1 kopje/200 ml water
- 6 el / 90 ml olijfolie
- 2 teentjes knoflook, geperst
- 2 middelgrote uien, fijngehakt
- 1 groene chili, fijngehakt
- 350 g lamsgehakt
- 1 theelepel gemalen piment
- 1 theelepel gemalen kaneel
- 1 theelepel gemalen koriander
- 2 eetl grof gesneden koriander
- ½ kopje / 60 g pijnboompitten
- 3 el grof gesneden platte peterselie
- 2 el zelfrijzend bakmeel, plus een beetje extra indien nodig
- 3½ eetlepel / 50 g lichte tahinipasta
- 2 theelepels vers geperst citroensap
- 1 theelepel sumak
- zout en versgemalen zwarte peper

INSTRUCTIES

a) Verwarm de oven voor op 200°C. Bekleed een springvorm van 20 cm/8 inch met vetvrij papier.

b) Doe de bulgur in een grote kom en bedek deze met het water. Laat 30 minuten staan.

c) Verhit ondertussen 4 eetlepels olijfolie in een grote koekenpan op middelhoog vuur. Fruit de knoflook, ui en chili tot ze helemaal zacht zijn. Haal alles uit de pan, zet het terug op hoog vuur en voeg het lamsvlees toe. Kook gedurende 5 minuten, onder voortdurend roeren, tot het bruin is.

d) Doe het uienmengsel terug in de pan en voeg de kruiden, koriander, ½ theelepel zout, een flinke hoeveelheid zwarte peper en de meeste pijnboompitten en peterselie toe, maar laat wat opzij. Laat een paar minuten koken, haal van het vuur, proef en pas de smaak aan.

e) Controleer de bulgur om te zien of al het water is opgenomen. Giet af om eventuele resterende vloeistof te verwijderen. Voeg de bloem, 1 eetlepel olijfolie, ¼ theelepel zout en een snufje zwarte peper toe en gebruik je handen om alles tot een soepel mengsel te verwerken dat net bij elkaar blijft; voeg nog een beetje bloem toe als het mengsel erg plakkerig is. Duw stevig op de bodem van de springvorm, zodat deze compact en waterpas is. Verdeel het lamsmengsel er gelijkmatig over en druk het een beetje aan. Bak ongeveer 20 minuten, tot het vlees behoorlijk donkerbruin en erg heet is.

f) Terwijl je wacht, klop je de tahinipasta met het citroensap, 3½ el (50 ml) water en een snufje zout door elkaar. Je bent op zoek naar een zeer dikke, maar toch gietbare saus. Voeg indien nodig een beetje extra water toe.

g) Haal de kibbehcake uit de oven, verdeel de tahinisaus gelijkmatig erover, bestrooi met de achtergehouden pijnboompitten en gehakte peterselie en zet onmiddellijk terug in de oven. Bak gedurende 10 tot 12 minuten, totdat de tahini net gaar is, een beetje kleur heeft gekregen en de pijnboompitten goudbruin zijn.

h) Haal het uit de oven en laat afkoelen tot het warm of op kamertemperatuur is. Bestrooi de bovenkant voor het serveren met de sumak en besprenkel met de resterende olie. Verwijder voorzichtig de zijkanten van de pan en snijd de kibbeh in plakjes. Til ze voorzichtig op, zodat ze niet breken.

18. Gehakte lever

Merken: 4 TOT 6

INGREDIËNTEN

- 6½ el / 100 ml gesmolten ganzen- of eendenvet
- 2 grote uien, in plakjes gesneden (ongeveer 3 kopjes / 400 g in totaal)
- 400 g kippenlevertjes, schoongemaakt en opgedeeld in stukjes van ongeveer 3 cm
- 5 extra grote vrije-uitloopeieren, hardgekookt
- 4 eetlepels dessertwijn
- 1 theelepel zout
- ½ theelepel versgemalen zwarte peper
- 2 tot 3 groene uien, in dunne plakjes gesneden
- 1 eetl gehakte bieslook

INSTRUCTIES

a) Doe tweederde van het ganzenvet in een grote koekenpan en bak de uien op middelhoog vuur gedurende 10 tot 15 minuten, af en toe roerend, tot ze donkerbruin zijn. Haal de uien uit de pan en druk ze daarbij iets naar beneden, zodat er wat vet in de pan overblijft. Voeg indien nodig een beetje vet toe. Voeg de levers toe en kook ze gedurende 10 minuten, af en toe roerend, tot ze in het midden goed gaar zijn; er mag in dit stadium geen bloed uit komen.

b) Meng de levers met de ui voordat u ze samenhakt. De beste manier om dit te doen is met een vleesmolen, waarbij je het mengsel twee keer vermaalt om de juiste textuur te krijgen. Als je geen vleesmolen hebt, is een keukenmachine ook prima. Blitz de uien en de lever in twee of drie porties, zodat de machinekom niet erg vol is. Pulseer gedurende 20 tot 30 seconden en controleer vervolgens of de lever en uien zijn veranderd in een gelijkmatig gladde, maar toch "hobbige" pasta. Doe alles in een grote mengkom.

c) Pel de eieren, rasp er twee grof en nog eens twee fijn en voeg ze toe aan het levermengsel. Voeg het resterende vet, de dessertwijn en het zout en de peper toe en roer alles voorzichtig door elkaar. Breng het mengsel over naar een niet-metalen platte schaal en bedek het oppervlak stevig met plasticfolie. Laat het afkoelen en zet het vervolgens minimaal 2 uur in de koelkast om iets op te stijven.

d) Snijd voor het serveren het resterende ei fijn. Schep de gehakte lever op individuele serveerschalen, garneer met het gehakte ei en bestrooi met de groene uien en bieslook.

19. Kubbeh hamusta

Maakt: 6

INGREDIËNTEN
KUBBEH-VULLING
- 1½ el zonnebloemolie
- ½ middelgrote ui, zeer fijngehakt (½ kopje / 75 g in totaal)
- 350 g rundergehakt
- ½ theelepel gemalen piment
- 1 groot teentje knoflook, geperst
- 2 bleekselderijstengels, zeer fijngehakt, of een gelijke hoeveelheid gehakte bleekselderijblaadjes (½ kopje / 60 g in totaal)
- zout en versgemalen zwarte peper
- KUBBEH-KOFFERS
- 2 kopjes / 325 g griesmeel
- 5 eetlepels / 40 g bloem voor alle doeleinden
- 1 kopje / 220 ml heet water
- SOEP
- 4 teentjes knoflook, geperst
- 5 stengels bleekselderij, bladeren geplukt en stengels schuin gesneden in plakjes van ⅔ inch / 1,5 cm (2 kopjes / 230 g in totaal)
- 300 g snijbietbladeren, alleen het groene gedeelte, in reepjes van ⅔ inch / 2 cm gesneden
- 2 eetlepels zonnebloemolie
- 1 grote ui, grof gesneden (1¼ kopjes / 200 g in totaal)
- 2 liter / 2 liter kippenbouillon
- 1 grote courgette, in blokjes van ⅜ inch / 1 cm gesneden (1⅔ kopjes / 200 g in totaal)
- 6½ el / 100 ml vers geperst citroensap, plus extra indien nodig
- partjes citroen, om te serveren

INSTRUCTIES

a) Maak eerst de vleesvulling klaar. Verhit de olie in een middelgrote koekenpan en voeg de ui toe. Kook op middelhoog vuur tot het doorschijnend is, ongeveer 5 minuten. Voeg het rundvlees, de piment, ¾ theelepel zout en een flinke hoeveelheid zwarte peper toe en roer terwijl je 3 minuten kookt, zodat het bruin wordt. Zet het vuur middelhoog en laat het vlees ongeveer 20 minuten langzaam koken, tot het volledig droog is, af en toe roerend. Voeg op het einde de knoflook en de bleekselderij toe, kook nog 3 minuten en haal van het vuur. Proef en pas de smaak aan. Laat afkoelen.

b) Terwijl de rundvleesmix aan het koken is, bereid je de kubbeh-doosjes voor. Meng het griesmeel, de bloem en ¼ theelepel zout in een grote mengkom. Voeg geleidelijk het water toe, roer met een houten lepel en vervolgens met je handen tot je een plakkerig deeg krijgt. Dek af met een vochtige doek en laat 15 minuten rusten.

c) Kneed het deeg een paar minuten op een werkvlak. Het moet soepel en smeerbaar zijn zonder te barsten. Voeg indien nodig een beetje water of bloem toe. Om de dumplings te maken, pak je een kom met water en maak je je handen nat (zorg ervoor dat je handen tijdens het hele proces nat zijn om plakken te voorkomen). Neem een stuk deeg van ongeveer 30 gram en druk het plat in je handpalm; je mikt op schijven met een diameter van 4 inch / 10 cm. Plaats ongeveer 2 theelepels vulling in het midden. Vouw de randen over de vulling om deze te bedekken en sluit deze vervolgens aan de binnenkant. Rol de kubbeh tussen je handen tot een bal en druk hem vervolgens plat tot een ronde, platte vorm van ongeveer 3 cm dik. Leg de dumplings op een bakplaat bedekt met plasticfolie en besprenkeld met een beetje water en laat ze opzij liggen.

d) Doe voor de soep de knoflook, de helft van de bleekselderij en de helft van de snijbiet in een keukenmachine en maal tot een grove pasta. Verhit de olie in een grote pan op middelhoog vuur en bak de ui ongeveer 10 minuten, tot hij licht goudbruin is. Voeg de bleekselderij- en snijbietpasta toe en kook nog 3 minuten. Voeg de bouillon, courgette, de overgebleven bleekselderij en snijbiet, het citroensap, 1 theelepel zout en ½ theelepel zwarte peper toe. Breng aan de kook en laat 10 minuten koken, proef en breng op smaak. Het moet scherp zijn, dus voeg indien nodig nog een eetlepel citroensap toe.

e) Voeg ten slotte voorzichtig de kubbeh toe aan de soep (een paar tegelijk, zodat ze niet aan elkaar plakken) en laat 20 minuten zachtjes koken. Laat ze een half uur staan om te bezinken en zacht te worden, verwarm ze dan opnieuw en serveer. Combineer met een schijfje citroen voor een extra citroenachtige kick.

20. Gevulde Romano-paprika's

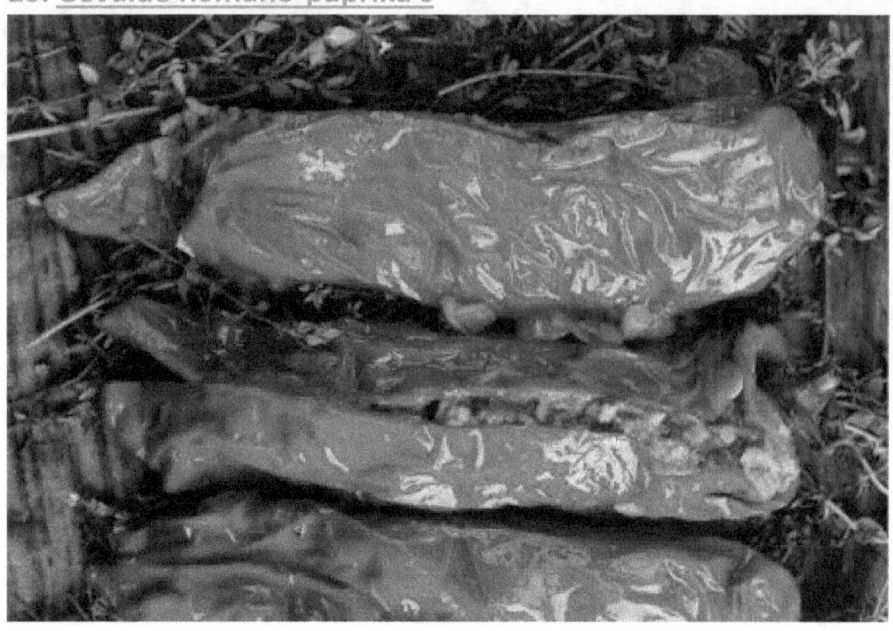

Maakt: 4 royaal

INGREDIËNTEN
- 8 middelgrote Romano of andere paprika's
- 1 grote tomaat, grof gesneden (1 kop / 170 g in totaal)
- 2 middelgrote uien, grof gesneden (1⅔ kopjes / 250 g in totaal)
- ongeveer 2 kopjes / 500 ml groentebouillon
- VULLING
- ¾ kopje / 140 g basmatirijst
- 1½ el baharat kruidenmix (gekocht in de winkel of zie recept)
- ½ theelepel gemalen kardemom
- 2 eetlepels olijfolie
- 1 grote ui, fijngehakt (1⅓ kopjes / 200 g in totaal)
- 400 g lamsgehakt
- 2½ el gehakte platte peterselie
- 2 eetlepels gehakte dille
- 1½ eetl gedroogde munt
- 1½ theelepel suiker
- zout en versgemalen zwarte peper

INSTRUCTIES
a)   Begin met de vulling. Doe de rijst in een pan en bedek met licht gezouten water. Breng aan de kook en kook vervolgens gedurende 4 minuten. Giet af, laat afkoelen onder koud water en zet opzij.
b)   Droog de kruiden in een koekenpan. Voeg de olijfolie en de ui toe en bak ongeveer 7 minuten, vaak roerend, tot de ui zacht is. Giet dit, samen met de rijst, het vlees, de kruiden, de suiker en 1 theelepel zout in een grote mengkom. Gebruik je handen om alles goed door elkaar te mengen.
c)   Begin vanaf het uiteinde van de steel en gebruik een klein mes om elke paprika in de lengte op driekwart te snijden, zonder

de steel te verwijderen, zodat er een lange opening ontstaat. Zonder de paprika te veel open te duwen, verwijder je de zaadjes en vul je elke paprika met een gelijke hoeveelheid van het mengsel.

d) Doe de gesneden tomaat en ui in een zeer grote koekenpan met een goed sluitend deksel. Leg de paprika's er bovenop, dicht bij elkaar, en giet er net genoeg bouillon bij, zodat deze ongeveer 1 cm boven de zijkanten van de paprika's uitkomt. Breng op smaak met ½ theelepel zout en wat zwarte peper. Dek de pan af met een deksel en laat het geheel op een zo laag mogelijk vuur een uur sudderen. Het is belangrijk dat de vulling net gestoomd wordt, zodat het deksel goed aansluit; zorg ervoor dat er altijd een klein beetje vloeistof onderin de pan zit. Serveer de paprika's warm, niet heet, of op kamertemperatuur.

21. Gevulde Aubergine Met Lamsvlees En Pijnboompitten

Maakt: 4 royaal

INGREDIËNTEN
- 4 middelgrote aubergines (ongeveer 1,2 kg), in de lengte gehalveerd
- 6 el / 90 ml olijfolie
- 1½ theelepel gemalen komijn
- 1½ eetl zoete paprika
- 1 eetl gemalen kaneel
- 2 middelgrote uien (12 oz / 340 g in totaal), fijngehakt
- 1 lb / 500 g lamsgehakt
- 7 el / 50 g pijnboompitten
- ⅔ oz / 20 g platte peterselie, gehakt
- 2 theelepels tomatenpuree
- 3 theelepels superfijne suiker
- ⅔ kopje / 150 ml water
- 1½ el vers geperst citroensap
- 1 theelepel tamarindepasta
- 4 kaneelstokjes
- zout en versgemalen zwarte peper

INSTRUCTIES

a) Verwarm de oven voor op 220°C.

b) Leg de auberginehelften met de velzijde naar beneden in een braadpan die groot genoeg is om er goed in te passen. Bestrijk het vruchtvlees met 4 eetlepels olijfolie en breng op smaak met 1 theelepel zout en flink wat zwarte peper. Rooster ongeveer 20 minuten, tot ze goudbruin zijn. Haal uit de oven en laat iets afkoelen.

c) Terwijl de aubergines koken, kun je beginnen met het maken van de vulling door de resterende 2 eetlepels olijfolie in een grote koekenpan te verwarmen. Meng de komijn, het paprikapoeder en de gemalen kaneel en doe de helft van dit kruidenmengsel samen met de uien in de pan. Kook op middelhoog vuur gedurende ongeveer 8 minuten, vaak roerend, voordat je het lamsvlees, de pijnboompitten, peterselie, tomatenpuree, 1 theelepel suiker, 1 theelepel zout en wat zwarte peper toevoegt. Blijf koken en roer nog 8 minuten, tot het vlees gaar is.

d) Doe de resterende kruidenmix in een kom en voeg het water, het citroensap, de tamarinde, de resterende 2 theelepels suiker, de kaneelstokjes en ½ theelepel zout toe; Meng goed.

e) Verlaag de oventemperatuur naar 195°C. Giet het kruidenmengsel op de bodem van de auberginebraadpan. Schep het lamsmengsel op elke aubergine. Dek de pan goed af met aluminiumfolie, zet hem terug in de oven en rooster hem gedurende 1½ uur. Op dat moment moeten de aubergines helemaal zacht zijn en de saus dik; Verwijder tijdens het koken twee keer de folie en bestrijk de aubergines met de saus. Voeg wat water toe als de saus uitdroogt. Serveer warm, niet heet, of op kamertemperatuur.

22. Gevulde aardappelen

Merken: 4 TOT 6

INGREDIËNTEN
- 1 pond / 500 g rundergehakt
- ongeveer 2 kopjes / 200 g witbroodkruimels
- 1 middelgrote ui, fijngehakt (¾ kopje / 120 g in totaal)
- 2 teentjes knoflook, geperst
- ⅔ oz / 20 g platte peterselie, fijngehakt
- 2 eetlepels tijmblaadjes, gehakt
- 1½ theelepel gemalen kaneel
- 2 grote vrije-uitloopeieren, losgeklopt
- 3¼ lb / 1,5 kg middelgrote Yukon Gold-aardappelen, ongeveer 3¾ bij 2¼ inch / 9 bij 6 cm, geschild en in de lengte gehalveerd
- 2 eetl gehakte koriander
- zout en versgemalen zwarte peper

TOMATENSAUS
- 2 eetlepels olijfolie
- 5 teentjes knoflook, geperst
- 1 middelgrote ui, fijngehakt (¾ kopje / 120 g in totaal)
- 1½ stengels bleekselderij, fijngehakt (⅔ kopje / 80 g in totaal)
- 1 kleine wortel, geschild en fijngehakt (½ kopje / 70 g in totaal)
- 1 rode chilipeper, fijngehakt
- 1½ theelepel gemalen komijn
- 1 theelepel gemalen piment
- snufje gerookte paprikapoeder
- 1½ theelepel zoete paprika
- 1 theelepel karwijzaad, geplet met een vijzel en stamper of kruidenmolen
- één blik van 28 oz / 800 g gehakte tomaten
- 1 eetl tamarindepasta
- 1½ theelepel superfijne suiker

INSTRUCTIES

a) Begin met de tomatensaus. Verhit de olijfolie in de breedste koekenpan die je hebt; je hebt er ook een deksel voor nodig. Voeg de knoflook, ui, selderij, wortel en chili toe en bak op laag vuur gedurende 10 minuten, tot de groenten zacht zijn. Voeg de kruiden toe, roer goed en kook 2 tot 3 minuten. Giet de gehakte tomaten, tamarinde, suiker, ½ theelepel zout en wat zwarte peper erbij en breng aan de kook. Haal van het vuur.

b) Om de gevulde aardappelen te maken, doe je het rundvlees, het paneermeel, de ui, de knoflook, de peterselie, de tijm, de kaneel, 1 theelepel zout, wat zwarte peper en de eieren in een mengkom. Gebruik je handen om alle ingrediënten goed te combineren.

c) Hol elke aardappelhelft uit met een meloenballer of een theelepel, zodat een schaal van ⅔ inch / 1,5 cm dik ontstaat. Vul het vleesmengsel in elke holte en druk het met je handen helemaal naar beneden, zodat het de aardappel volledig vult. Druk alle aardappelen voorzichtig in de tomatensaus, zodat ze dicht bij elkaar zitten, met de vleesvulling naar boven gericht. Voeg ongeveer 1¼ kopjes / 300 ml water toe, of net genoeg om de pasteitjes bijna met saus te bedekken, breng aan de kook, dek de pan af met een deksel en laat minimaal 1 uur of zelfs langer langzaam koken, tot de saus is dik en de aardappelen zijn erg zacht. Als de saus niet voldoende is ingedikt, verwijder dan het deksel en laat 5 tot 10 minuten inkoken. Serveer warm of warm, gegarneerd met de koriander.

23. Gevulde artisjokken met erwten & dille

Maakt: 4

INGREDIËNTEN
- 400 g prei, bijgesneden en in plakjes van 0,5 cm gesneden
- 250 g rundergehakt
- 1 groot vrije-uitloop ei
- 1 theelepel gemalen piment
- 1 theelepel gemalen kaneel
- 2 theelepel gedroogde munt
- 12 middelgrote artisjokken of ontdooide bevroren artisjokbodems (zie introductie)
- 6 el / 90 ml vers geperst citroensap, plus sap van ½ citroen als u verse artisjokken gebruikt
- ⅓ kopje / 80 ml olijfolie
- bloem voor alle doeleinden, voor het bedekken van de artisjokken
- ongeveer 2 kopjes / 500 ml kippen- of groentebouillon
- 1⅓ kopjes / 200 g diepvrieserwten
- ⅓ oz / 10 g dille, grof gehakt
- zout en versgemalen zwarte peper

INSTRUCTIES

a) Blancheer de prei 5 minuten in kokend water. Giet af, ververs en knijp het water eruit.

b) Snijd de prei grof en doe ze in een mengkom, samen met het vlees, het ei, de kruiden, de munt, 1 theelepel zout en voldoende peper. Goed roeren.

c) Als je verse artisjokken gebruikt, zet dan een kom klaar met water en het sap van een ½ citroen. Verwijder het steeltje van de artisjok en trek de harde buitenste bladeren eraf. Zodra je de zachtere, bleke bladeren hebt bereikt, gebruik je een groot scherp mes om de bloem door te snijden, zodat je het onderste kwart overhoudt. Gebruik een klein, scherp mes of een dunschiller om de buitenste lagen van de artisjok te verwijderen totdat de basis of onderkant zichtbaar is. Schraap de harige "choke" eruit en doe de basis in het aangezuurde water. Gooi de rest weg en herhaal met de andere artisjokken.

d) Doe 2 eetlepels olijfolie in een pan die breed genoeg is om de artisjokken plat te laten liggen en verwarm op middelhoog vuur. Vul elke artisjokbodem met 1 tot 2 eetlepels van het rundvleesmengsel en druk de vulling erin. Rol de bodems voorzichtig door wat bloem, bestrijk ze lichtjes en schud het overtollige eraf. Bak ze in de hete olie gedurende 1½ minuut aan elke kant. Veeg de pan schoon en doe de artisjokken terug in de pan. Leg ze plat en goed naast elkaar.

e) Meng de bouillon, het citroensap en de resterende olie en breng royaal op smaak met peper en zout. Schep lepels vloeistof over de artisjokken tot ze bijna, maar niet helemaal, onder water staan; Het kan zijn dat je niet alle vloeistof nodig hebt. Leg een stuk bakpapier op de artisjokken, dek de pan af met een deksel en laat 1 uur op laag vuur sudderen. Als ze klaar zijn, mag er nog maar ongeveer 4 eetlepels vloeistof over zijn. Verwijder indien nodig het deksel en het papier en laat de saus inkoken. Zet de pan opzij totdat de artisjokken net warm of op kamertemperatuur zijn.

f) Wanneer u klaar bent om te serveren, blancheert u de erwten gedurende 2 minuten. Giet ze af en doe ze samen met de dille in de pan bij de artisjokken, breng op smaak en meng alles voorzichtig door elkaar.

HOOFDGERECHT

24. Geroosterde zoete aardappelen en verse vijgen

Maakt: 4
INGREDIËNTEN
- 4 kleine zoete aardappelen (2¼ lb / 1 kg in totaal)
- 5 eetlepels olijfolie
- 3 eetlepels / 40 ml balsamicoazijn (u kunt een commerciële in plaats van een premium verouderde kwaliteit gebruiken)
- 1½ el / 20 g superfijne suiker
- 12 groene uien, in de lengte gehalveerd en in partjes van 4 cm gesneden
- 1 rode chilipeper, in dunne plakjes gesneden
- 6 rijpe vijgen (in totaal 240 g), in vieren
- 5 oz / 150 g zachte geitenkaas (optioneel)
- Maldon zeezout en versgemalen zwarte peper

INSTRUCTIES

a) Verwarm de oven voor op 240°C.

b) Was de zoete aardappelen, halveer ze in de lengte en snijd elke helft opnieuw op dezelfde manier in 3 lange partjes. Meng met 3 eetlepels olijfolie, 2 theelepels zout en wat zwarte peper. Verdeel de partjes met het vel naar beneden op een bakplaat en bak ze ongeveer 25 minuten, tot ze zacht maar niet papperig zijn. Haal uit de oven en laat afkoelen.

c) Om de balsamico-reductie te maken, doe je de balsamicoazijn en de suiker in een kleine pan. Breng aan de kook, zet het vuur laag en laat 2 tot 4 minuten sudderen, tot het dikker wordt. Zorg ervoor dat u de pan van het vuur haalt als de azijn nog vloeibaarder is dan honing; het zal blijven dikker worden terwijl het afkoelt. Roer er voor het serveren een druppel water door als het te dik wordt om te besprenkelen.

d) Schik de zoete aardappelen op een serveerschaal. Verhit de resterende olie in een middelgrote pan op middelhoog vuur en voeg de groene uien en chili toe. Bak gedurende 4 tot 5 minuten, onder regelmatig roeren om ervoor te zorgen dat de chili niet verbrandt. Schep de olie, uien en chili over de zoete aardappelen. Verdeel de vijgen tussen de partjes en sprenkel er de balsamico-reductie over. Serveer op kamertemperatuur. Verkruimel de kaas erover, indien gebruikt.

25. Na'ama is dik

Maakt: 6

INGREDIËNTEN

- 1 kopje / 200 g Griekse yoghurt en ¾ kopje plus 2 eetlepels / 200 ml volle melk, of 1⅔ kopjes / 400 ml karnemelk (ter vervanging van zowel yoghurt als melk)
- 2 grote oude Turkse flatbreads of naan (9 oz / 250 g in totaal)
- 3 grote tomaten (13 oz / 380 g in totaal), gesneden in dobbelstenen van ⅔ inch / 1,5 cm
- 100 g radijsjes, in dunne plakjes gesneden
- 3 Libanese of minikomkommers (250 g / 9 oz in totaal), geschild en in blokjes van ⅔ inch / 1,5 cm gesneden
- 2 groene uien, in dunne plakjes gesneden
- ½ oz / 15 g verse munt
- 25 g platte peterselie, grof gehakt
- 1 eetl gedroogde munt
- 2 teentjes knoflook, geperst
- 3 eetlepels vers geperst citroensap
- ¼ kopje / 60 ml olijfolie, plus extra om te besprenkelen
- 2 eetlepels cider of witte wijnazijn
- ¾ theelepel versgemalen zwarte peper
- 1½ theelepel zout
- 1 eetlepel sumak of meer naar smaak, om te garneren

INSTRUCTIES

a) Als u yoghurt en melk gebruikt, begin dan minimaal 3 uur en maximaal een dag van tevoren door beide in een kom te doen. Klop goed en laat het op een koele plaats of in de koelkast staan tot er belletjes op het oppervlak ontstaan. Wat je krijgt is een soort zelfgemaakte karnemelk, maar dan minder zuur.

b) Scheur het brood in hapklare stukjes en doe het in een grote mengkom. Voeg je gefermenteerde yoghurtmengsel of commerciële karnemelk toe, gevolgd door de rest van de ingrediënten, meng goed en laat 10 minuten staan zodat alle smaken zich kunnen vermengen.

c) Schep de fattoush in serveerschalen, besprenkel met wat olijfolie en garneer rijkelijk met sumak.

26. Kruidentaart

Maakt: 4

INGREDIËNTEN
- 2 el olijfolie, plus extra voor het bestrijken van het deeg
- 1 grote ui, in blokjes gesneden
- 500 g snijbiet, stengels en bladeren fijn versnipperd maar apart gehouden
- 5 oz / 150 g selderij, in dunne plakjes gesneden
- 1¾ oz / 50 g groene ui, gehakt
- 50 g rucola
- 30 g platte peterselie, gehakt
- 1 oz / 30 g munt, gehakt
- ¾ oz / 20 g dille, gehakt
- 4 oz / 120 g anari- of ricottakaas, verkruimeld
- 100 g oude Cheddar-kaas, geraspt
- 60 g fetakaas, verkruimeld
- geraspte schil van 1 citroen
- 2 grote vrije-uitloopeieren
- ⅓ theelepel zout
- ½ theelepel versgemalen zwarte peper
- ½ theelepel superfijne suiker
- 250 g filodeeg

INSTRUCTIES

a) Verwarm de oven voor op 200°C. Giet de olijfolie in een grote, diepe koekenpan op middelhoog vuur. Voeg de ui toe en bak 8 minuten zonder bruin te worden. Voeg de snijbietstengels en de bleekselderij toe en laat 4 minuten koken, af en toe roeren. Voeg de snijbietblaadjes toe, zet het vuur middelhoog en roer terwijl je 4 minuten kookt, tot de bladeren verwelken. Voeg de groene ui, rucola en kruiden toe en kook nog 2 minuten. Haal van het vuur en breng over naar een vergiet om af te koelen.

b) Zodra het mengsel is afgekoeld, knijp je er zoveel mogelijk water uit en doe je het in een mengkom. Voeg de drie kazen, de citroenschil, de eieren, het zout, de peper en de suiker toe en meng goed.

c) Leg een vel filodeeg klaar en bestrijk het met wat olijfolie. Dek af met een ander vel en ga op dezelfde manier verder tot je 5 lagen filodeeg hebt, ingesmeerd met olie, die allemaal een gebied bedekken dat groot genoeg is om de zijkanten en onderkant van een taartvorm van 22 cm te bekleden, plus extra om over de rand te hangen. . Bekleed de taartvorm met het deeg, vul met het kruidenmengsel en vouw het overtollige deeg over de rand van de vulling. Snijd het deeg indien nodig bij, zodat een rand van 2 cm ontstaat.

d) Maak nog een setje van 5 lagen filodeeg, ingesmeerd met olie, en leg deze over de taart. Verkruimel het deeg een beetje zodat er een golvende, ongelijke bovenkant ontstaat en snij de randen bij, zodat deze net de taart bedekken. Bestrijk rijkelijk met olijfolie en bak gedurende 40 minuten, tot het filodeeg mooi goudbruin kleurt. Haal het uit de oven en serveer warm of op kamertemperatuur.

27. Geroosterde aubergine met gebakken ui

Maakt: 4

INGREDIËNTEN
- 2 grote aubergines, in de lengte gehalveerd met de steel eraan (ongeveer 750 g in totaal)
- ⅔ kopje / 150 ml olijfolie
- 4 uien (ongeveer 550 g in totaal), in dunne plakjes gesneden
- 1½ groene chilipepers
- 1½ theelepel gemalen komijn
- 1 theelepel sumak
- 50 g fetakaas, in grote stukken gebroken
- 1 middelgrote citroen
- 1 teentje knoflook, geperst
- zout en versgemalen zwarte peper

INSTRUCTIES

a) Verwarm de oven voor op 220°C.

b) Kerf de snijkant van elke aubergine in met een kruislings patroon. Bestrijk de gesneden kanten met 6½ el / 100 ml olie en bestrooi rijkelijk met zout en peper. Leg ze op een bakplaat, met de snijkant naar boven, en rooster ze ongeveer 45 minuten in de oven, tot het vruchtvlees goudbruin en volledig gaar is.

c) Terwijl de aubergines braden, doe je de resterende olie in een grote koekenpan en zet je deze op hoog vuur. Voeg de uien en ½ theelepel zout toe en kook 8 minuten, onder regelmatig roeren, zodat delen van de ui echt donker en knapperig worden. Zaad en hak de chilipepers, houd de hele apart van de helft. Voeg de gemalen komijn, sumak en de hele gehakte chili toe en kook nog 2 minuten voordat je de feta toevoegt. Laat nog een laatste minuut koken, zonder veel te roeren, en haal dan van het vuur.

d) Gebruik een klein gekarteld mes om de schil en het merg van de citroen te verwijderen. Snijd het vruchtvlees grof, verwijder de pitjes en doe het vruchtvlees en eventuele sappen in een kom met de resterende ½ chilipeper en de knoflook.

e) Zet het gerecht klaar zodra de aubergines klaar zijn. Doe de geroosterde helften in een serveerschaal en schep de citroensaus over het vlees. Verwarm de uien een beetje en schep erover. Serveer warm of zet opzij om op kamertemperatuur te komen.

28. Geroosterde pompoen met za'atar

Maakt: 4

INGREDIËNTEN
- 1 grote flespompoen (2½ lb / 1,1 kg in totaal), gesneden in partjes van ¾ bij 2½ inch / 2 bij 6 cm
- 2 rode uien, in partjes van 3 cm gesneden
- 3½ el / 50 ml olijfolie
- 3½ eetlepel lichte tahinipasta
- 1½ eetl citroensap
- 2 eetlepels water
- 1 klein teentje knoflook, geperst
- 3½ el / 30 g pijnboompitten
- 1 eetl za'atar
- 1 eetl grof gesneden platte peterselie
- Maldon zeezout en versgemalen zwarte peper

INSTRUCTIES

a) Verwarm de oven voor op 240°C.

b) Doe de pompoen en ui in een grote mengkom, voeg 3 eetlepels olie, 1 theelepel zout en wat zwarte peper toe en meng goed. Verdeel ze met de schil naar beneden over een bakplaat en rooster ze 30 tot 40 minuten in de oven, tot de groenten wat kleur hebben gekregen en gaar zijn. Houd de uien in de gaten, deze koken mogelijk sneller dan de pompoen en moeten eerder worden verwijderd. Haal uit de oven en laat afkoelen.

c) Om de saus te maken, doe je de tahini in een kleine kom, samen met het citroensap, water, knoflook en ¼ theelepel zout. Klop tot de saus de consistentie van honing heeft, voeg indien nodig meer water of tahini toe.

d) Giet de resterende 1½ theelepel olie in een kleine koekenpan en plaats op middelhoog vuur. Voeg de pijnboompitten toe samen met ½ theelepel zout en kook 2 minuten, onder regelmatig roeren, tot de noten goudbruin zijn. Haal van het vuur en doe de noten en olie in een kleine kom om het koken te stoppen.

e) Verdeel de groenten voor het serveren over een grote serveerschaal en besprenkel met de tahini. Strooi de pijnboompitten en hun olie erover, gevolgd door de za'atar en peterselie.

29. Fava Bean Kuku

Maakt: 6

INGREDIËNTEN
- 500 g tuinbonen, vers of bevroren
- 5 eetlepels / 75 ml kokend water
- 2 eetlepels superfijne suiker
- 5 eetlepels / 45 g gedroogde berberisbessen
- 3 eetlepels slagroom
- ¼ theelepel saffraandraadjes
- 2 eetlepels koud water
- 5 eetlepels olijfolie
- 2 middelgrote uien, fijngehakt
- 4 teentjes knoflook, geperst
- 7 grote vrije-uitloopeieren
- 1 eetlepel bloem voor alle doeleinden
- ½ theelepel bakpoeder
- 1 kopje / 30 g dille, gehakt
- ½ kopje / 15 g munt, gehakt
- zout en versgemalen zwarte peper

INSTRUCTIES

a) Verwarm de oven voor op 180°C. Doe de tuinbonen in een pan met ruim kokend water. Laat 1 minuut sudderen, laat uitlekken, koel af onder koud water en zet opzij.

b) Giet 5 eetlepels / 75 ml kokend water in een middelgrote kom, voeg de suiker toe en roer om op te lossen. Zodra deze siroop lauw is, voeg je de berberisbessen toe, laat ze ongeveer 10 minuten staan en laat ze uitlekken.

c) Breng de room, de saffraan en het koude water in een kleine pan aan de kook. Haal onmiddellijk van het vuur en laat 30 minuten trekken om te laten trekken.

d) Verhit 3 eetlepels olijfolie op middelhoog vuur in een ovenvaste koekenpan van 25 cm met anti-aanbaklaag en een deksel. Voeg de uien toe en kook ongeveer 4 minuten, af en toe roerend, voeg dan de knoflook toe en kook en roer nog eens 2 minuten. Roer de tuinbonen erdoor en zet opzij.

e) Klop de eieren goed in een grote mengkom tot ze schuimig zijn. Voeg de bloem, het bakpoeder, de saffraancrème, de kruiden, 1½ theelepel zout en ½ theelepel peper toe en klop goed. Roer tot slot de berberisbessen en het tuinbonen-uienmengsel erdoor.

f) Veeg de koekenpan schoon, voeg de resterende olijfolie toe en plaats hem 10 minuten in de oven om goed op te warmen. Giet het eimengsel in de hete pan, dek af met het deksel en bak gedurende 15 minuten. Verwijder het deksel en bak nog eens 20 tot 25 minuten, tot de eieren net gestold zijn. Haal het uit de oven en laat het 5 minuten rusten voordat je het op een serveerschaal legt. Serveer warm of op kamertemperatuur.

Rauwe artisjok- en kruidensalade

30. Citroenachtige preigehaktballetjes

Maakt: 4 ALS STARTER

INGREDIËNTEN
- 6 grote gesneden preien (ongeveer 800 g in totaal)
- 250 g rundergehakt
- 1 kopje / 90 g broodkruimels
- 2 grote vrije-uitloopeieren
- 2 eetlepels zonnebloemolie
- ¾ tot 1¼ kopjes / 200 tot 300 ml kippenbouillon
- ⅓ kopje / 80 ml vers geperst citroensap (ongeveer 2 citroenen)
- ⅓ kopje / 80 g Griekse yoghurt
- 1 eetl fijngehakte platte peterselie
- zout en versgemalen zwarte peper

INSTRUCTIES

a) Snijd de prei in plakjes van 2 cm en stoom ze ongeveer 20 minuten, tot ze helemaal zacht zijn. Giet af, laat afkoelen en knijp eventueel restwater eruit met een theedoek. Verwerk de prei in een keukenmachine door een paar keer te pulseren tot ze goed gehakt maar niet papperig zijn. Doe de prei in een grote mengkom, samen met het vlees, paneermeel, eieren, 1¼ theelepel zout en 1 theelepel zwarte peper. Vorm het mengsel tot platte pasteitjes van ongeveer 7 bij 2 cm, dit zou 8 moeten zijn. Zet 30 minuten in de koelkast.

b) Verhit de olie op middelhoog vuur in een grote koekenpan met een dikke bodem en een deksel. Bak de pasteitjes aan beide kanten goudbruin; indien nodig kan dit in batches worden gedaan.

c) Veeg de pan schoon met keukenpapier en leg de gehaktballetjes op de bodem, indien nodig iets overlappend. Giet er voldoende bouillon over zodat de pasteitjes bijna, maar niet helemaal bedekt zijn. Voeg het citroensap en ½ theelepel zout toe. Breng aan de kook, dek af en laat 30 minuten zachtjes koken. Verwijder het deksel en laat indien nodig nog een paar minuten koken tot bijna al het vocht is verdampt. Haal de pan van het vuur en zet opzij om af te koelen.

d) Serveer de gehaktballetjes warm of op kamertemperatuur, met een klodder yoghurt en een beetje peterselie.

31. Wortelgroentensla met labneh

Maakt: 6

INGREDIËNTEN
- 3 middelgrote bieten (1 lb / 450 g in totaal)
- 2 middelgrote wortels (9 oz / 250 g in totaal)
- ½ knolselderijwortel (10 oz / 300 g in totaal)
- 1 middelgrote koolrabi (9 oz / 250 g in totaal)
- 4 eetlepels vers geperst citroensap
- 4 eetlepels olijfolie
- 3 eetlepels sherryazijn
- 2 theelepels superfijne suiker
- ¾ kopje / 25 g korianderblaadjes, grof gehakt
- ¾ kopje / 25 g muntblaadjes, versnipperd
- ⅔ kopje / 20 g bladpeterselie, grof gehakt
- ½ el geraspte citroenschil
- 1 kop / 200 g labneh (gekocht in de winkel of zie recept)
- zout en versgemalen zwarte peper
- Schil alle groenten en snijd ze in dunne plakjes, ongeveer 1/16 kleine hete chili, fijngehakt

INSTRUCTIES

a) Doe het citroensap, de olijfolie, de azijn, de suiker en 1 theelepel zout in een kleine pan. Breng zachtjes aan de kook en roer tot de suiker en het zout zijn opgelost. Haal van het vuur.

b) Giet de groentereepjes af en leg ze op keukenpapier om goed te drogen. Droog de kom en vervang de groenten. Giet de hete dressing over de groenten, meng goed en laat afkoelen. Zet minimaal 45 minuten in de koelkast.

c) Wanneer u klaar bent om te serveren, voegt u de kruiden, de citroenschil en 1 theelepel zwarte peper toe aan de salade. Meng goed, proef en voeg indien nodig meer zout toe. Stapel op serveerschalen en serveer met wat labneh ernaast.

32. Gebakken tomaten met knoflook

Maakt: 2 tot 4

INGREDIËNTEN
- 3 grote teentjes knoflook, geperst
- ½ kleine hete chili, fijngehakt
- 2 eetlepels gehakte platte peterselie
- 3 grote, rijpe maar stevige tomaten (ongeveer 450 g in totaal)
- 2 eetlepels olijfolie
- Maldon zeezout en versgemalen zwarte peper
- rustiek brood, om te serveren

INSTRUCTIES

a) Meng de knoflook, chili en gehakte peterselie in een kleine kom en zet opzij. Top en staart van de tomaten en snijd ze verticaal in plakjes van ongeveer ⅔ inch / 1,5 cm dik.

b) Verhit de olie in een grote koekenpan op middelhoog vuur. Voeg de plakjes tomaat toe, breng op smaak met zout en peper en kook ongeveer 1 minuut, draai dan om, breng opnieuw op smaak met zout en peper en bestrooi met het knoflookmengsel. Blijf nog ongeveer een minuut koken, schud de pan af en toe, draai de plakjes dan opnieuw en kook nog een paar seconden, tot ze zacht maar niet papperig zijn.

c) Draai de tomaten op een serveerschaal, giet het sap uit de pan erover en serveer onmiddellijk, samen met het brood.

33. Chermoula Aubergine met Bulgur & Yoghurt

Maakt: 4 ALS HOOFDGERECHT

INGREDIËNTEN
- 2 teentjes knoflook, geperst
- 2 theelepel gemalen komijn
- 2 theelepel gemalen koriander
- 1 theelepel chilivlokken
- 1 theelepel zoete paprika
- 2 eetlepels fijngehakte gekonfijte citroenschil (in de winkel gekocht of zie recept)
- ⅔ kopje / 140 ml olijfolie, plus extra om af te maken
- 2 middelgrote aubergines
- 1 kopje / 150 g fijne bulgur
- ⅔ kopje / 140 ml kokend water
- ⅓ kopje / 50 g gouden rozijnen
- 3½ eetlepel / 50 ml warm water
- ⅓ oz / 10 g koriander, gehakt, plus extra om af te maken
- ⅓ oz / 10 g munt, gehakt
- ⅓ kopje / 50 g ontpitte groene olijven, gehalveerd
- ⅓ kopje / 30 g gesneden amandelen, geroosterd
- 3 groene uien, gehakt
- 1½ el vers geperst citroensap
- ½ kopje / 120 g Griekse yoghurt
- zout

INSTRUCTIES

a) Verwarm de oven voor op 200°C.

b) Om de chermoula te maken, meng je in een kleine kom de knoflook, komijn, koriander, chili, paprika, gekonfijte citroen, tweederde van de olijfolie en ½ theelepel zout.

c) Snij de aubergines in de lengte doormidden. Snij het vruchtvlees van elke helft in met diepe, diagonale, kruislingse inkepingen en zorg ervoor dat u de schil niet doorboort. Schep de chermoula over elke helft, verdeel het gelijkmatig en leg het op een bakplaat met de snijkant naar boven. Zet in de oven en rooster gedurende 40 minuten, of tot de aubergines helemaal zacht zijn.

d) Doe ondertussen de bulgur in een grote kom en bedek met kokend water.

e) Week de rozijnen in het warme water. Giet de rozijnen na 10 minuten af en voeg ze samen met de resterende olie toe aan de bulgur. Voeg de kruiden, olijven, amandelen, groene uien, citroensap en een snufje zout toe en roer om te combineren. Proef en voeg indien nodig meer zout toe.

f) Serveer de aubergines warm of op kamertemperatuur. Leg een ½ aubergine met de snijkant naar boven op elk afzonderlijk bord. Schep de bulgur erbovenop, zodat er van beide kanten een beetje naar beneden kan vallen. Schep er wat yoghurt over, bestrooi met koriander en maak af met een scheutje olie.

34. Gebakken bloemkool met tahini

Maakt: 6

INGREDIËNTEN
- 2 kopjes / 500 ml zonnebloemolie
- 2 bloemkool met middelgrote bloemkolven (in totaal 1 kg / 2¼ lb), verdeeld in kleine roosjes
- 8 groene uien, elk verdeeld in 3 lange segmenten
- ¾ kopje / 180 g lichte tahinipasta
- 2 teentjes knoflook, geperst
- ¼ kopje / 15 g platte peterselie, gehakt
- ¼ kopje / 15 g gehakte munt, plus extra om af te maken
- ⅔ kopje / 150 g Griekse yoghurt
- ¼ kopje / 60 ml vers geperst citroensap, plus geraspte schil van 1 citroen
- 1 theelepel granaatappelmelasse, plus extra om af te maken
- ongeveer ¾ kopje / 180 ml water
- Maldon zeezout en versgemalen zwarte peper

INSTRUCTIES

a) Verhit de zonnebloemolie in een grote pan die op middelhoog vuur staat. Gebruik een metalen tang of een metalen lepel, plaats voorzichtig een paar bloemkoolroosjes tegelijk in de olie en kook ze gedurende 2 tot 3 minuten, draai ze om zodat ze gelijkmatig kleuren. Eenmaal goudbruin, gebruik je een schuimspaan om de roosjes in een vergiet te tillen om uit te lekken. Bestrooi met een beetje zout. Ga in batches door tot je alle bloemkool op hebt. Bak vervolgens de groene uien in porties, maar slechts ongeveer 1 minuut. Voeg toe aan de bloemkool. Laat beide een beetje afkoelen.

b) Giet de tahinipasta in een grote mengkom en voeg de knoflook, gehakte kruiden, yoghurt, citroensap en -schil, granaatappelmelasse en wat zout en peper toe. Roer goed met een houten lepel terwijl je het water toevoegt. De tahinisaus wordt dikker en wordt losser als je water toevoegt. Voeg niet te veel toe, net genoeg om een dikke, maar toch gladde, gietbare consistentie te krijgen, een beetje zoals honing.

c) Voeg de bloemkool en groene uien toe aan de tahini en roer goed. Proef en pas de smaak aan. Misschien wil je ook meer citroensap toevoegen.

d) Schep voor het serveren in een serveerschaal en werk af met een paar druppels granaatappelmelasse en wat munt.

35. Mixgrill uit het Midden-Oosten

Maakt: 4

INGREDIËNTEN
- 300 g kipfilet zonder bot, in blokjes van 2 cm gesneden
- 200 g kippenharten, in de lengte doormidden gesneden (optioneel)
- 4 eetlepels olijfolie
- 250 g kippenlevers, schoongemaakt en in blokjes gesneden
- 2 grote uien, in dunne plakjes gesneden (ongeveer 4½ kopjes / 500 g in totaal)
- 1½ theelepel gemalen kurkuma
- 1 el baharat kruidenmix (gekocht in de winkel of zie recept
- zout

INSTRUCTIES

a) Zet een grote gietijzeren of andere zware koekenpan op middelhoog vuur en laat een paar minuten staan, tot hij bijna rookt. Voeg de kipfilet toe en laat een minuut staan, roer één keer en kook tot hij rondom bruin is, 2 tot 3 minuten. Doe de stukken in een kom en zet opzij.

b) Doe de harten in de pan en kook, af en toe roerend, tot ze bruin maar niet gaar zijn, 2 tot 3 minuten. Voeg toe aan de kom.

c) Giet een theelepel olijfolie in de pan en voeg de levers toe. Laat 2 tot 3 minuten koken, roer slechts één of twee keer, en haal het dan uit de pan.

d) Giet 2 eetlepels olijfolie in de pan en voeg de helft van de uien toe. Kook, onder voortdurend roeren, gedurende 4 tot 5 minuten, tot de uien zacht worden en licht verkolen, maar niet helemaal slap zijn. Voeg de resterende olie toe aan de pan en herhaal met de tweede helft van de uien. Doe de eerste portie terug in de pan, samen met de kruiden en gekookte stukjes kip, harten en levers. Breng op smaak met ¾ theelepel zout en laat ongeveer 3 minuten koken, terwijl u de pan schraapt, totdat de kip gaar is. Serveer in één keer.

36. Gestoofde kwartel met abrikozen en tamarinde

Maakt: 4 ALS STARTER

INGREDIËNTEN
- 4 extra grote kwartels, elk ongeveer 190 g, in tweeën gesneden langs het borstbeen en de rug
- ¾ theelepel chilivlokken
- ¾ theelepel gemalen komijn
- ½ theelepel venkelzaad, licht geplet
- 1 eetlepel olijfolie
- 1¼ kopjes / 300 ml water
- 5 el / 75 ml witte wijn
- ⅔ kopje / 80 g gedroogde abrikozen, in dikke plakjes gesneden
- 2½ eetlepel / 25 g krenten
- 1½ el superfijne suiker
- 1½ eetl tamarindepasta
- 2 el vers geperst citroensap
- 1 theelepel geplukte tijmblaadjes
- zout en versgemalen zwarte peper
- 2 eetlepels gehakte gemengde koriander en platte peterselie, om te garneren (optioneel)

INSTRUCTIES

a) Veeg de kwartels af met keukenpapier en doe ze in een mengkom. Bestrooi met de chilivlokken, komijn, venkelzaad, ½ theelepel zout en wat zwarte peper. Masseer goed met je handen, dek af en laat minimaal 2 uur of een hele nacht in de koelkast marineren.

b) Verhit de olie op middelhoog vuur in een koekenpan die net groot genoeg is voor de vogels, en waar je een deksel op hebt. Bruin de vogels aan alle kanten gedurende ongeveer 5 minuten, zodat ze een mooie goudbruine kleur krijgen.

c) Haal de kwartel uit de pan en gooi het grootste deel van het vet weg, maar laat ongeveer 1½ theelepel achter. Voeg het water, de wijn, abrikozen, krenten, suiker, tamarinde, citroensap, tijm, ½ theelepel zout en wat zwarte peper toe. Doe de kwartel terug in de pan. Het water moet voor driekwart langs de zijkanten van de vogels komen; zo niet, voeg dan meer water toe. Breng aan de kook, dek de pan af en laat 20 tot 25 minuten heel zachtjes koken, waarbij je de kwartel een of twee keer omdraait, totdat de vogels net gaar zijn.

d) Haal de kwartel uit de pan, leg hem op een serveerschaal en houd hem warm. Als de vloeistof niet erg dik is, zet het dan op middelhoog vuur en laat het een paar minuten sudderen tot het een goede sausconsistentie heeft. Schep de saus over de kwartels en garneer eventueel met koriander en peterselie.

37. Geroosterde kip met clementines

Maakt: 4

INGREDIËNTEN
- 6½ el / 100 ml arak, ouzo of Pernod
- 4 eetlepels olijfolie
- 3 eetlepels vers geperst sinaasappelsap
- 3 eetlepels vers geperst citroensap
- 2 eetlepels graanmosterd
- 3 eetlepels lichtbruine suiker
- 2 middelgrote venkelbollen (in totaal 500 g)
- 1 grote biologische kip of vrije-uitloopkip, ongeveer 1,3 kg, verdeeld in 8 stukken, of hetzelfde gewicht in kippendijen met vel en bot
- 4 clementines, ongeschild (14 oz / 400 g in totaal), horizontaal gesneden in plakjes van ¼ inch / 0,5 cm
- 1 eetl tijmblaadjes
- 2½ theelepel venkelzaad, licht geplet
- zout en versgemalen zwarte peper
- gehakte platte peterselie, om te garneren

INSTRUCTIES

a) Doe de eerste zes ingrediënten in een grote mengkom en voeg 2½ theelepel zout en 1½ theelepel zwarte peper toe. Goed kloppen en opzij zetten.

b) Maak de venkel schoon en snijd elke bol in de lengte doormidden. Snij elke helft in 4 partjes. Voeg de venkel toe aan de vloeistoffen, samen met de stukjes kip, clementineschijfjes, tijm en venkelzaad. Roer goed met je handen en laat een paar uur of een hele nacht in de koelkast marineren (het marineren is ook prima als je weinig tijd hebt).

c) Verwarm de oven voor op 220°C. Breng de kip en de marinade over naar een bakplaat die groot genoeg is om alles comfortabel in één laag te kunnen plaatsen (een pan van ongeveer 30 bij 37 cm); de kippenhuid moet naar boven wijzen. Zodra de oven heet genoeg is, zet je de pan in de oven en bak je hem 35 tot 45 minuten, totdat de kip verkleurd en gaar is. Haal uit de oven.

d) Haal de kip, venkel en clementines uit de pan en schik ze op een serveerschaal; afdekken en warm houden. Giet de kookvloeistof in een kleine pan, zet deze op middelhoog vuur, breng aan de kook en laat sudderen tot de saus met een derde is ingedikt, zodat je ongeveer ⅓ kopje / 80 ml overhoudt. Giet de hete saus over de kip, garneer met wat peterselie en serveer.

38. Geroosterde kip met artisjok van Jeruzalem

Maakt: 4

INGREDIËNTEN
- 450 g aardperen, geschild en in de lengte in 6 partjes gesneden van 1,5 cm dik
- 3 eetlepels vers geperst citroensap
- 8 kippendijen met vel en bot, of 1 middelgrote hele kip, in vieren gedeeld
- 12 bananen of andere grote sjalotten, in de lengte gehalveerd
- 12 grote teentjes knoflook, in plakjes gesneden
- 1 middelgrote citroen, in de lengte gehalveerd en vervolgens in zeer dunne plakjes gesneden
- 1 theelepel saffraandraadjes
- 3½ el / 50 ml olijfolie
- ¾ kopje / 150 ml koud water
- 1¼ eetlepel roze peperkorrels, licht geplet
- ¼ kopje / 10 g verse tijmblaadjes
- 1 kopje / 40 g dragonblaadjes, gehakt
- 2 theelepel zout
- ½ theelepel versgemalen zwarte peper

INSTRUCTIES

a) Doe de artisjokken in een middelgrote pan, bedek ze met ruim water en voeg de helft van het citroensap toe. Breng aan de kook, zet het vuur lager en laat 10 tot 20 minuten sudderen, tot het gaar maar niet zacht is. Giet af en laat afkoelen.

b) Doe de aardperen en alle overige ingrediënten, exclusief het resterende citroensap en de helft van de dragon, in een grote mengkom en meng alles goed met je handen. Dek af en laat een nacht of minimaal 2 uur in de koelkast marineren.

c) Verwarm de oven voor op 240°C. Leg de stukken kip met het vel naar boven in het midden van een braadpan en verdeel de overige ingrediënten rond de kip. Rooster gedurende 30 minuten. Dek de pan af met aluminiumfolie en bak nog eens 15 minuten. Op dit punt moet de kip volledig gaar zijn. Haal het uit de oven en voeg de achtergehouden dragon en het citroensap toe. Roer goed, proef en voeg indien nodig meer zout toe. Serveer in één keer.

39. Gepocheerde kip met freekeh

Maakt: 4 royaal

INGREDIËNTEN
- 1 kleine scharrelkip, ongeveer 1,5 kg
- 2 lange kaneelstokjes
- 2 middelgrote wortels, geschild en in plakjes van 2 cm dik gesneden
- 2 laurierblaadjes
- 2 bosjes platte peterselie (ongeveer 70 g in totaal)
- 2 grote uien
- 2 eetlepels olijfolie
- 2 kopjes / 300 g gekraakte freekeh
- ½ theelepel gemalen piment
- ½ theelepel gemalen koriander
- 2½ el / 40 g ongezouten boter
- ⅔ kopje / 60 g gesneden amandelen
- zout en versgemalen zwarte peper

INSTRUCTIES
a) Doe de kip in een grote pan, samen met de kaneel, wortels, laurierblaadjes, 1 bosje peterselie en 1 theelepel zout. Kwartaal 1 ui en voeg deze toe aan de pot. Voeg koud water toe zodat de kip bijna bedekt is; breng aan de kook en laat afgedekt gedurende 1 uur sudderen, waarbij u af en toe de olie en het schuim van het oppervlak afschept.

b) Snijd ongeveer halverwege het koken van de kip de tweede ui in dunne plakjes en doe deze in een middelgrote pan met de olijfolie. Bak op middelhoog vuur gedurende 12 tot 15 minuten, tot de ui goudbruin en zacht wordt. Voeg de freekeh, piment, koriander, ½ theelepel zout en wat zwarte peper toe. Roer goed en voeg dan 2½ kopjes / 600 ml kippenbouillon toe. Zet het vuur middelhoog. Zodra de bouillon kookt, dek je de pan af en zet je het vuur lager. Laat 20 minuten zachtjes koken, haal dan van het vuur en laat nog 20 minuten afgedekt staan.

c) Verwijder de blaadjes van het overgebleven bosje peterselie en hak ze fijn, niet te fijn. Voeg het grootste deel van de gehakte peterselie toe aan de gekookte freekeh en meng het met een vork.

d) Haal de kip uit de bouillon en leg deze op een snijplank. Snijd de borsten voorzichtig af en snij ze schuin in dunne plakjes; verwijder het vlees van de poten en dijen. Houd de kip en de freekeh warm.

e) Wanneer u klaar bent om te serveren, doet u de boter, de amandelen en wat zout in een kleine koekenpan en bakt u deze goudbruin. Schep de freekeh op individuele serveerschalen of op een schaal. Leg het been- en dijvlees erop en verdeel de borstplakken er netjes bovenop. Werk af met de amandelen en boter en een beetje peterselie.

40. Kip met ui en kardemomrijst

Maakt: 4

INGREDIËNTEN
- 3 eetlepels / 40 g suiker
- 3 eetlepels / 40 ml water
- 2½ eetlepel / 25 g berberisbessen (of krenten)
- 4 eetlepels olijfolie
- 2 middelgrote uien, in dunne plakjes gesneden (2 kopjes / 250 g in totaal)
- 2¼ lb / 1 kg kippendijen met vel en bot, of 1 hele kip, in vieren
- 10 kardemompeulen
- afgeronde ¼ theelepel hele kruidnagels
- 2 lange kaneelstokjes, in tweeën gebroken
- 1⅔ kopjes / 300 g basmatirijst
- 2¼ kopjes / 550 ml kokend water
- 1½ el / 5 g bladpeterselie, fijngehakt
- ½ kopje / 5 g dilleblaadjes, gehakt
- ¼ kopje / 5 g korianderblaadjes, gehakt
- ⅓ kopje / 100 g Griekse yoghurt, gemengd met 2 eetlepels olijfolie (optioneel)
- zout en versgemalen zwarte peper

INSTRUCTIES

a) Doe de suiker en het water in een kleine pan en verwarm tot de suiker is opgelost. Haal van het vuur, voeg de berberisbessen toe en laat ze weken. Als u krenten gebruikt, hoeft u ze niet op deze manier te weken.

b) Verhit intussen de helft van de olijfolie in een grote koekenpan met deksel op middelhoog vuur, voeg de ui toe en kook 10 tot 15 minuten, af en toe roerend, tot de ui diep goudbruin is geworden. Doe de ui in een kleine kom en veeg de pan schoon.

c) Doe de kip in een grote mengkom en breng op smaak met 1½ theelepel zout en zwarte peper. Voeg de resterende olijfolie , kardemom, kruidnagel en kaneel toe en gebruik je handen om alles goed door elkaar te mengen. Verhit de koekenpan opnieuw en plaats de kip en de kruiden erin. Schroei aan elke kant 5 minuten en haal het uit de pan (dit is belangrijk omdat de kip dan gedeeltelijk gaar wordt). De kruiden mogen in de pan blijven, maar maak je geen zorgen als ze aan de kip blijven plakken. Verwijder ook het grootste deel van de resterende olie, zodat er onderaan slechts een dun laagje overblijft. Voeg de rijst, de gekarameliseerde ui, 1 theelepel zout en veel zwarte peper toe. Giet de berberissen af en voeg ze ook toe. Roer goed en doe de aangebraden kip terug in de pan en duw hem in de rijst.

d) Giet het kokende water over de rijst en de kip, dek de pan af en kook op zeer laag vuur gedurende 30 minuten. Haal de pan van het vuur, verwijder de deksel, leg snel een schone theedoek over de pan en sluit weer af met de deksel. Laat het gerecht nog eens 10 minuten ongestoord staan. Voeg ten slotte de kruiden toe en roer ze er met een vork door en maak de rijst luchtig. Proef en voeg indien nodig meer zout en peper toe. Serveer warm of warm met yoghurt als je wilt.

41. Saffraan Kip & Kruidensalade

Maakt: 6

INGREDIËNTEN
- 1 sinaasappel
- 2½ eetlepel / 50 g honing
- ½ theelepel saffraandraadjes
- 1 eetl witte wijnazijn
- 1¼ kopjes / ongeveer 300 ml water
- 2¼ lb / 1 kg kipfilet zonder vel en zonder bot
- 4 eetlepels olijfolie
- 2 kleine venkelknollen, in dunne plakjes gesneden
- 1 kopje / 15 g geplukte korianderblaadjes
- ⅔ kopje / 15 g geplukte basilicumblaadjes, gescheurd
- 15 geplukte muntblaadjes, gescheurd
- 2 el vers geperst citroensap
- 1 rode chilipeper, in dunne plakjes gesneden
- 1 teentje knoflook, geperst
- zout en versgemalen zwarte peper

INSTRUCTIES

a) Verwarm de oven voor op 200°C. Snijd ⅜ inch / 1 cm van de bovenkant en staart van de sinaasappel af en gooi deze in 12 partjes, waarbij je de schil eraan laat zitten. Verwijder eventuele zaden.

b) Doe de partjes in een kleine pan met de honing, saffraan, azijn en net genoeg water om de partjes sinaasappel te bedekken. Breng aan de kook en laat ongeveer een uur zachtjes koken. Aan het eind moet je een zachte sinaasappel en ongeveer 3 eetlepels dikke siroop overhouden; voeg water toe tijdens het koken als de vloeistof erg laag wordt. Gebruik een keukenmachine om de sinaasappel en de siroop tot een gladde, vloeibare pasta te malen; Voeg opnieuw een beetje water toe als dat nodig is.

c) Meng de kipfilet met de helft van de olijfolie en veel peper en zout en plaats deze op een zeer hete grillpan. Schroei ongeveer 2 minuten aan elke kant om overal duidelijke verkoolde vlekken te krijgen. Doe het in een braadpan en plaats het in de oven gedurende 15 tot 20 minuten, tot het net gaar is.

d) Zodra de kip koel genoeg is om vast te pakken maar nog steeds warm is, scheurt u hem met uw handen in ruwe, vrij grote stukken. Doe het mengsel in een grote mengkom, giet de helft van de sinaasappelpasta erover en roer goed. (De andere helft kun je een paar dagen in de koelkast bewaren. Het is een goede aanvulling op een kruidensalsa om te serveren bij vette vis zoals makreel of zalm.) Voeg de overige ingrediënten toe aan de salade, inclusief de rest van de olijfolie en roer voorzichtig. Proef, voeg zout en peper toe en, indien nodig, meer olijfolie en citroensap.

42. Sofrito van kip

INGREDIËNTEN
- 1 eetl zonnebloemolie
- 1 kleine scharrelkip, ongeveer 1,5 kg, met vlinders of in vieren
- 1 theelepel zoete paprika
- ¼ theelepel gemalen kurkuma
- ¼ theelepel suiker
- 2½ el vers geperst citroensap
- 1 grote ui, geschild en in vieren gesneden
- zonnebloemolie, om te frituren
- 750 g Yukon Gold-aardappelen, geschild, gewassen en in dobbelsteentjes van 2 cm gesneden
- 25 teentjes knoflook, ongepeld
- zout en versgemalen zwarte peper

INSTRUCTIES

a) Giet de olie in een grote, ondiepe pan of Nederlandse oven en zet op middelhoog vuur. Leg de kip plat in de pan, met het vel naar beneden, en schroei gedurende 4 tot 5 minuten, tot hij goudbruin is. Breng het geheel op smaak met de paprika, kurkuma, suiker, ¼ theelepel zout, flink gemalen zwarte peper en 1½ eetlepel citroensap. Draai de kip om, zodat de schil naar boven wijst, doe de ui in de pan en dek af met een deksel. Zet het vuur laag en kook in totaal ongeveer 1½ uur; dit omvat de tijd dat de kip met de aardappelen wordt gekookt. Til zo nu en dan de deksel op om de hoeveelheid vloeistof op de bodem van de pan te controleren. Het idee is dat de kip in zijn eigen sappen kookt en stoomt, maar het kan zijn dat je een klein beetje kokend water moet toevoegen, zodat er altijd ¼ inch / 5 mm vloeistof op de bodem van de pan zit.

b) Nadat de kip ongeveer 30 minuten heeft gekookt, giet je de zonnebloemolie in een middelgrote pan tot een diepte van 3 cm en plaats je deze op middelhoog vuur. Bak de aardappelen en knoflook samen in een paar porties gedurende ongeveer 6 minuten per batch, totdat ze wat kleur krijgen en knapperig worden. Gebruik een schuimspaan om elke batch uit de olie en op keukenpapier te tillen en bestrooi ze vervolgens met zout.

c) Haal de kip, nadat hij 1 uur heeft gekookt, uit de pan en schep de gebakken aardappelen en knoflook erin, roer ze door het kooksap. Doe de kip terug in de pan en plaats hem op de aardappelen gedurende de rest van de kooktijd, dat wil zeggen 30 minuten. De kip moet van het bot vallen en de aardappelen moeten gedrenkt zijn in het kookvocht en helemaal zacht zijn. Besprenkel bij het serveren met het resterende citroensap.

43. Kofta B'siniyah

Merk: 18 KOFTA

INGREDIËNTEN
- ⅔ kopje / 150 g lichte tahinipasta
- 3 eetlepels vers geperst citroensap
- ½ kopje / 120 ml water
- 1 middelgrote teen knoflook, geperst
- 2 eetlepels zonnebloemolie
- 2 eetlepels / 30 g ongezouten boter of ghee (optioneel)
- geroosterde pijnboompitten, om te garneren
- fijngehakte platte peterselie, om te garneren
- zoete paprika, om te garneren
- zout

KOFTA
- 400 g lamsgehakt
- 400 g kalfs- of rundergehakt
- 1 kleine ui (ongeveer 150 g), fijngehakt
- 2 grote teentjes knoflook, geperst
- 7 el / 50 g geroosterde pijnboompitten, grof gehakt
- ½ kopje / 30 g fijngehakte platte peterselie
- 1 grote middelhete rode chilipeper, zonder zaadjes en fijngehakt
- 1½ theelepel gemalen kaneel
- 1½ theelepel gemalen piment
- ¾ theelepel geraspte nootmuskaat
- 1½ theelepel versgemalen zwarte peper
- 1½ theelepel zout

INSTRUCTIES

a) Doe alle kofta-ingrediënten in een kom en gebruik je handen om alles goed door elkaar te mengen. Vorm nu lange, torpedo-achtige vingers van ongeveer 8 cm lang (elk ongeveer 60 gram). Druk op het mengsel om het samen te drukken en zorg ervoor dat elke kofta strak zit en zijn vorm behoudt. Schik ze op een bord en zet ze in de koelkast tot je klaar bent om ze te koken, gedurende maximaal 1 dag.

b) Verwarm de oven voor op 220°C. Klop in een middelgrote kom de tahinipasta, het citroensap, het water, de knoflook en ¼ theelepel zout door elkaar. De saus moet iets vloeibaarder zijn dan honing; voeg indien nodig 1 tot 2 eetlepels water toe.

c) Verhit de zonnebloemolie in een grote koekenpan op hoog vuur en bak de kofta. Doe dit in batches, zodat ze niet te krap worden. Schroei ze aan alle kanten goudbruin, ongeveer 6 minuten per batch. Op dit punt zouden ze medium-rare moeten zijn. Haal het uit de pan en leg het op een bakplaat. Als je ze medium of well done wilt koken, zet de bakplaat dan nu 2 tot 4 minuten in de oven.

d) Schep de tahinisaus rond de kofta zodat deze de bodem van de pan bedekt. Als je wilt, kun je ook wat over de kofta sprenkelen, maar laat een deel van het vlees vrij. Zet het geheel een minuut of twee in de oven, zodat de saus een beetje opwarmt.

e) Als u ondertussen de boter gebruikt, smelt deze dan in een kleine pan en laat hem een beetje bruin worden, maar zorg ervoor dat hij niet verbrandt. Schep de boter over de kofta zodra ze uit de oven komen. Bestrooi met de pijnboompitten en peterselie en bestrooi met de paprika. Serveer in één keer.

44. Rundvleesgehaktballetjes met tuinbonen en citroen

Maakt: ONGEVEER 20 GEHAKBALLEN

INGREDIËNTEN
- 4½ el olijfolie
- 2⅓ kopjes / 350 g tuinbonen, vers of bevroren
- 4 hele takjes tijm
- 6 teentjes knoflook, in plakjes gesneden
- 8 groene uien, schuin gesneden in segmenten van ¾ inch / 2 cm
- 2½ el vers geperst citroensap
- 2 kopjes / 500 ml kippenbouillon
- zout en versgemalen zwarte peper
- 1½ theelepel gehakte platte peterselie, munt, dille en koriander, om af te maken

GEHAKTBALLEN
- 300 g rundergehakt
- 5 oz / 150 g lamsgehakt
- 1 middelgrote ui, fijngehakt
- 1 kop / 120 g broodkruimels
- 2 eetlepels gehakte platte peterselie, munt, dille en koriander
- 2 grote teentjes knoflook, geperst
- 4 theelepels baharat kruidenmix (gekocht in de winkel of zie recept)
- 4 theelepel gemalen komijn
- 2 theelepel kappertjes, gehakt
- 1 ei, losgeklopt

INSTRUCTIES

a)   Doe alle ingrediënten voor de gehaktbal in een grote mengkom. Voeg ¾ theelepel zout en veel zwarte peper toe en meng goed met je handen. Vorm balletjes van ongeveer dezelfde grootte als pingpongballen. Verhit 1 eetlepel olijfolie op middelhoog vuur in een extra grote koekenpan met deksel. Schroei de helft van de gehaktballetjes dicht en draai ze totdat ze rondom bruin zijn, ongeveer 5 minuten. Verwijder, voeg nog eens 1½ theelepel olijfolie toe aan de pan en kook de andere partij gehaktballetjes. Haal het uit de pan en veeg het schoon.

b) Terwijl de gehaktballetjes koken, doe je de tuinbonen in een pan met veel gezouten kokend water en blancheer je ze 2 minuten. Giet af en verfris onder koud water. Verwijder de schil van de helft van de tuinbonen en gooi de schil weg.

c) Verhit de resterende 3 eetlepels olijfolie op middelhoog vuur in dezelfde pan waarin je de gehaktballetjes dichtschroeide. Voeg de tijm, knoflook en groene ui toe en bak gedurende 3 minuten. Voeg de ongeschilde tuinbonen, 1½ eetlepel citroensap, ⅓ kopje / 80 ml bouillon, ¼ theelepel zout en veel zwarte peper toe. De bonen moeten bijna bedekt zijn met vloeistof. Dek de pan af en kook op laag vuur gedurende 10 minuten.

d) Doe de gehaktballetjes terug in de koekenpan met de tuinbonen. Voeg de resterende bouillon toe, dek de pan af en laat 25 minuten zachtjes koken. Proef de saus en pas de smaak aan. Als het erg vloeibaar is, verwijder dan het deksel en laat iets inkoken. Zodra de gehaktballetjes stoppen met koken, zullen ze een groot deel van de sappen opnemen, dus zorg ervoor dat er nog voldoende saus is. Je kunt de gehaktballetjes nu van het vuur laten staan tot ze klaar zijn om te serveren.

e) Verwarm vlak voor het serveren de gehaktballetjes opnieuw en voeg indien nodig een beetje water toe om voldoende saus te krijgen. Voeg de resterende kruiden, de resterende 1 eetlepel citroensap en de geschilde tuinbonen toe en roer heel voorzichtig. Serveer onmiddellijk.

45. Lamsgehaktballetjes met berberissen, yoghurt en kruiden

Maakt: ONGEVEER 20 GEHAKBALLEN

INGREDIËNTEN
- 750 g lamsgehakt
- 2 middelgrote uien, fijngehakt
- ⅔ oz / 20 g platte peterselie, fijngehakt
- 3 teentjes knoflook, geperst
- ¾ theelepel gemalen piment
- ¾ theelepel gemalen kaneel
- 6 eetlepels / 60 g berberisbessen
- 1 groot vrije-uitloop ei
- 6½ el / 100 ml zonnebloemolie
- 700 g banaan of andere grote sjalotten, gepeld
- ¾ kopje plus 2 eetlepels / 200 ml witte wijn
- 2 kopjes / 500 ml kippenbouillon
- 2 laurierblaadjes
- 2 takjes tijm
- 2 theelepel suiker
- 5 oz / 150 g gedroogde vijgen
- 1 kopje / 200 g Griekse yoghurt
- 3 eetlepels gemengde munt, koriander, dille en dragon, grof gescheurd
- zout en versgemalen zwarte peper

INSTRUCTIES

a) Doe het lamsvlees, de uien, peterselie, knoflook, piment, kaneel, berberisbessen, ei, 1 theelepel zout en ½ theelepel zwarte peper in een grote kom. Meng met je handen en rol er balletjes van ter grootte van golfballen.

b) Verhit een derde van de olie op middelhoog vuur in een grote pan met een dikke bodem en een goed sluitend deksel. Doe er een paar gehaktballetjes in en bak en draai ze een paar minuten totdat ze rondom kleuren. Haal uit de pot en zet opzij. Kook de overige gehaktballetjes op dezelfde manier.

c) Veeg de pot schoon en voeg de resterende olie toe. Voeg de sjalotten toe en kook ze op middelhoog vuur gedurende 10 minuten, onder regelmatig roeren, tot ze goudbruin zijn. Voeg de wijn toe, laat een minuut of twee borrelen en voeg dan de kippenbouillon, laurierblaadjes, tijm, suiker en wat zout en peper toe. Verdeel de vijgen en gehaktballetjes tussen en bovenop de sjalotjes; de gehaktballetjes moeten bijna bedekt zijn met vloeistof. Breng aan de kook, dek af met het deksel, zet het vuur zeer laag en laat 30 minuten sudderen. Verwijder het deksel en laat nog ongeveer een uur sudderen, tot de saus is ingedikt en sterker van smaak is geworden. Proef en voeg indien nodig zout en peper toe.

d) Breng over naar een grote, diepe serveerschaal. Klop de yoghurt los, giet erover en bestrooi met de kruiden.

46. Kalkoen & Courgette Burgers met Groene Ui & Komijn

Maakt: ONGEVEER 18 BURGERS

INGREDIËNTEN
- 1 lb / 500 g gemalen kalkoen
- 1 grote courgette, grof geraspt (2 kopjes / 200 g in totaal)
- 3 groene uien, in dunne plakjes gesneden
- 1 groot vrije-uitloop ei
- 2 eetl gehakte munt
- 2 eetl gehakte koriander
- 2 teentjes knoflook, geperst
- 1 theelepel gemalen komijn
- 1 theelepel zout
- ½ theelepel versgemalen zwarte peper
- ½ theelepel cayennepeper
- ongeveer 6½ eetlepel/100 ml zonnebloemolie, om aan te braden

ZURE ROOM & SUMAKSAUS
- ½ kopje / 100 g zure room
- ⅔ kopje / 150 g Griekse yoghurt
- 1 theelepel geraspte citroenschil
- 1 eetl vers geperst citroensap
- 1 klein teentje knoflook, geperst
- 1½ el olijfolie
- 1 eetl sumak
- ½ theelepel zout
- ¼ theelepel versgemalen zwarte peper

INSTRUCTIES

a) Maak eerst de zure roomsaus door alle ingrediënten in een kleine kom te doen. Roer goed en zet opzij of laat afkoelen tot je het nodig hebt.

b) Verwarm de oven voor op 220°C. Meng in een grote kom alle ingrediënten voor de gehaktballetjes, behalve de zonnebloemolie. Meng met je handen en vorm er ongeveer 18 burgers van, elk met een gewicht van ongeveer 45 g.

c) Giet voldoende zonnebloemolie in een grote koekenpan zodat er een laag van ongeveer 2 mm dik op de bodem van de pan ontstaat. Verhit op middelhoog vuur tot het heet is en braad de gehaktballetjes in porties aan alle kanten. Kook elke portie ongeveer 4 minuten, voeg indien nodig olie toe, tot ze goudbruin zijn.

d) Leg de aangebraden gehaktballetjes voorzichtig op een bakplaat bekleed met vetvrij papier en plaats ze 5 tot 7 minuten in de oven, of tot ze net gaar zijn. Serveer warm of op kamertemperatuur, met de saus erover of ernaast gelepeld.

47. Langzaam gegaard kalfsvlees met pruimen en prei

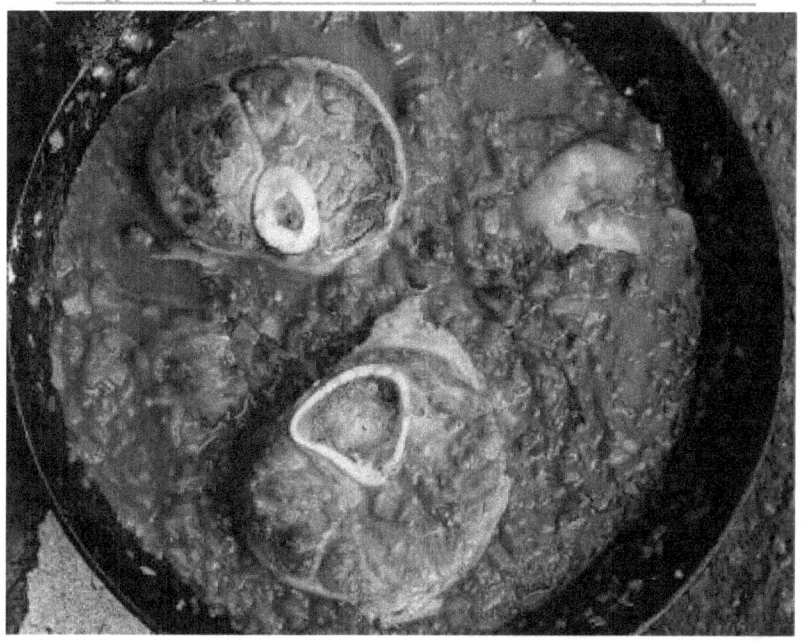

Maakt: 4 royaal

INGREDIËNTEN
- ½ kopje / 110 ml zonnebloemolie
- 4 grote ossobuco-steaks, met bot (ongeveer 1 kg in totaal)
- 2 grote uien, fijngehakt (ongeveer 3 kopjes / 500 g in totaal)
- 3 teentjes knoflook, geperst
- 6½ el / 100 ml droge witte wijn
- 1 kopje / 250 ml kippen- of runderbouillon
- één blik van 400 g gehakte tomaten
- 5 takjes tijm, blaadjes fijngehakt
- 2 laurierblaadjes
- schil van ½ sinaasappel, in reepjes
- 2 kleine kaneelstokjes
- ½ theelepel gemalen piment
- 2 steranijs
- 6 grote preien, alleen het witte deel (800 g in totaal), in plakjes van 1,5 cm gesneden
- 200 g zachte pruimen, ontpit
- zout en versgemalen zwarte peper
- SERVEREN
- ½ kopje / 120 g Griekse yoghurt
- 2 el fijngehakte platte peterselie
- 2 el geraspte citroenschil
- 2 teentjes knoflook, geperst

INSTRUCTIES

a) Verwarm de oven voor op 180°C.

b) Verhit 2 eetlepels olie in een grote pan met dikke bodem op hoog vuur. Bak de stukken kalfsvlees 2 minuten aan elke kant, zodat het vlees goed bruin wordt. Doe het mengsel in een vergiet en laat het uitlekken terwijl je de tomatensaus klaarmaakt.

c) Haal het grootste deel van het vet uit de pan, voeg nog 2 eetlepels olie toe en voeg de uien en knoflook toe. Zet terug op middelhoog vuur en bak, af en toe roerend, en schraap de bodem van de pan met een houten lepel, ongeveer 10 minuten, tot de uien zacht en goudbruin zijn. Voeg de wijn toe, breng aan de kook en laat 3 minuten krachtig koken, tot het meeste is verdampt. Voeg de helft van de bouillon, de tomaten, tijm, laurier, sinaasappelschil, kaneel, piment, steranijs, 1 theelepel zout en wat zwarte peper toe. Roer goed en breng aan de kook. Voeg de stukken kalfsvlees toe aan de saus en roer om te coaten.

d) Doe het kalfsvlees en de saus in een diepe bakvorm van ongeveer 33 bij 24 cm en verdeel het gelijkmatig. Dek af met aluminiumfolie en zet 2½ uur in de oven. Controleer tijdens het koken een paar keer of de saus niet te dik wordt en aanbrandt aan de zijkanten; Je zult waarschijnlijk een beetje water moeten toevoegen om dit te voorkomen. Het vlees is klaar als het gemakkelijk van het bot loskomt. Haal het kalfsvlees uit de saus en doe het in een grote kom. Als het voldoende koel is om vast te pakken, pluk je al het vlees van de botten en schraap je met een klein mes al het merg eruit. Gooi de botten weg.

e) Verhit de resterende olie in een aparte koekenpan en bak de prei op hoog vuur ongeveer 3 minuten bruin, af en toe roerend. Schep ze over de tomatensaus. Meng vervolgens in de pan waarin je de tomatensaus hebt gemaakt de pruimen, de resterende bouillon, het vlees en het beenmerg en schep dit over de prei. Dek opnieuw af met folie en laat nog een uur koken. Eenmaal uit de oven, proef en breng op smaak met zout en indien nodig meer zwarte peper.

f) Serveer warm, met een koude yoghurt erop en bestrooid met een mengsel van peterselie, citroenschil en knoflook.

48. Lamsshoarma

Maakt: 8

INGREDIËNTEN
- 2 theelepels zwarte peperkorrels
- 5 hele kruidnagels
- ½ theelepel kardemompeulen
- ¼ theelepel fenegriekzaad
- 1 theelepel venkelzaad
- 1 eetl komijnzaad
- 1 steranijs
- ½ kaneelstokje
- ½ hele nootmuskaat, geraspt
- ¼ theelepel gemalen gember
- 1 eetl zoete paprika
- 1 eetl sumak
- 2½ theelepel Maldon zeezout
- 1 oz / 25 g verse gember, geraspt
- 3 teentjes knoflook, geperst
- ⅔ kopje / 40 g gehakte koriander, stengels en bladeren
- ¼ kopje / 60 ml vers geperst citroensap
- ½ kopje / 120 ml arachideolie
- 1 lamsbout met been, ongeveer 2,5 tot 3 kg
- 1 kopje / 240 ml kokend water

INSTRUCTIES

a) Doe de eerste 8 ingrediënten in een gietijzeren pan en rooster ze een minuut of twee op middelhoog vuur, totdat de kruiden beginnen te knallen en hun aroma's vrijgeven. Zorg ervoor dat u ze niet verbrandt. Voeg de nootmuskaat, gember en paprika toe, roer nog een paar seconden, alleen om ze te verwarmen, en doe het dan in een kruidenmolen. Verwerk de kruiden tot een uniform poeder. Doe het in een middelgrote kom en roer alle overige ingrediënten erdoor, behalve het lamsvlees.

b) Gebruik een klein, scherp mes om de lamsbout op enkele plaatsen in te snijden, waarbij u sleuven van ⅔ inch / 1,5 cm diep door het vet en het vlees maakt, zodat de marinade erin kan sijpelen. Leg de lamsbout in een grote braadpan en wrijf de marinade er helemaal overheen. het Lam; gebruik je handen om het vlees goed te masseren. Bedek de pan met aluminiumfolie en laat het minstens een paar uur staan, of laat het bij voorkeur een nacht in de koelkast staan.

c) Verwarm de oven voor op 170°C.

d) Leg het lamsvlees met de vette kant naar boven in de oven en braad het in totaal ongeveer 4½ uur, tot het vlees helemaal gaar is. Voeg na 30 minuten braden het kokende water toe aan de pan en gebruik deze vloeistof om het vlees ongeveer elk uur te bedruipen. Voeg indien nodig meer water toe en zorg ervoor dat er altijd ongeveer ¼ inch / 0,5 cm in de bodem van de pan zit. Dek het lamsvlees de laatste 3 uur af met folie om te voorkomen dat de kruiden verbranden. Als u klaar bent, haalt u het lamsvlees uit de oven en laat u het 10 minuten rusten voordat u het aansnijdt en serveert.

e) De beste manier om dit te serveren is naar onze mening geïnspireerd door Israëls meest gerenommeerde shakshuka-eetcafé (ZIE RECEPT), Dr. Shakshuka, in Jaffa, eigendom van Bino Gabso. Neem zes individuele pitabroodjes en bestrijk ze rijkelijk aan de binnenkant met een smeersel gemaakt door ⅔ kopje / 120 g gehakte tomaten uit blik, 2 theelepels / 20 g harissapasta, 4 theelepels / 20 g tomatenpuree, 1 eetlepel olijfolie en wat zout te mengen en peper. Als het lamsvlees klaar is, verwarm je de pita's in een hete grillpan met grillige randen, totdat ze aan beide kanten mooie verkoolde vlekken krijgen. Snijd het warme lamsvlees in plakjes en snijd de plakjes in reepjes van ⅔ inch / 1,5 cm. Stapel ze hoog boven elke warme pita, schep er wat van het braadvocht uit de pan over, ingekookt, en werk af met gesnipperde ui, gehakte peterselie en een snufje sumak. En vergeet de verse komkommer en tomaat niet. Het is een hemels gerecht.

49. Gebakken zeebaars met harissa en roos

Maakt: 2 TOT 4

INGREDIËNTEN

- 3 eetlepels harissapasta (gekocht in de winkel of zie recept)
- 1 theelepel gemalen komijn
- 4 zeebaarsfilets, ongeveer 450 g in totaal, ontveld en met verwijderde graatjes
- bloem voor alle doeleinden, om te bestuiven
- 2 eetlepels olijfolie
- 2 middelgrote uien, fijngehakt
- 6½ el / 100 ml rode wijnazijn
- 1 theelepel gemalen kaneel
- 1 kopje/200 ml water
- 1½ eetl honing
- 1 eetl rozenwater
- ½ kopje / 60 g krenten (optioneel)
- 2 eetlepels grof gesneden koriander (optioneel)
- 2 theelepels kleine gedroogde eetbare rozenblaadjes
- zout en versgemalen zwarte peper

INSTRUCTIES

a) Marineer eerst de vis. Meng de helft van de harissapasta, de gemalen komijn en ½ theelepel zout in een kleine kom. Wrijf de pasta over de visfilets en laat ze 2 uur in de koelkast marineren.

b) Bestuif de filets met een beetje bloem en schud het overtollige eraf. Verhit de olijfolie in een grote koekenpan op middelhoog vuur en bak de filets 2 minuten aan elke kant. Mogelijk moet u dit in twee batches doen. Zet de vis opzij, laat de olie in de pan staan en voeg de uien toe. Roer terwijl je ongeveer 8 minuten kookt, tot de uien goudbruin zijn.

c) Voeg de resterende harissa, de azijn, de kaneel, ½ theelepel zout en voldoende zwarte peper toe. Giet het water erbij, zet het vuur laag en laat de saus 10 tot 15 minuten zachtjes koken, tot hij behoorlijk dik is.

d) Voeg de honing en het rozenwater toe aan de pan, samen met de krenten, indien gebruikt, en laat nog een paar minuten zachtjes koken. Proef en breng op smaak en doe de visfilets terug in de pan; je kunt ze een beetje overlappen als ze niet helemaal passen. Schep de saus over de vis en laat ze 3 minuten opwarmen in de sudderende saus; Als de saus erg dik is, moet je mogelijk een paar eetlepels water toevoegen. Serveer warm of op kamertemperatuur, bestrooid met de koriander, indien gebruikt, en de rozenblaadjes.

50. Vis- en kappertjeskebab met gebrande aubergine en citroenaugurk

Maakt: 12 KEBABS

INGREDIËNTEN
- 2 middelgrote aubergines (ongeveer 1⅔ lb / 750 g in totaal)
- 2 eetlepels Griekse yoghurt
- 1 teentje knoflook, geperst
- 2 eetlepels gehakte platte peterselie
- ongeveer 2 eetlepels zonnebloemolie, om te frituren
- 2 theelepels snel ingelegde citroenen
- zout en versgemalen zwarte peper
- VISKEBABS
- 400 g schelvisfilets of andere witte visfilets, zonder vel en zonder graatjes
- ½ kopje / 30 g vers broodkruimels
- ½ groot scharrelei, losgeklopt
- 2½ eetlepel / 20 g kappertjes, gehakt
- ⅔ oz / 20 g dille, gehakt
- 2 groene uien, fijngehakt
- geraspte schil van 1 citroen
- 1 eetl vers geperst citroensap
- ¾ theelepel gemalen komijn
- ½ theelepel gemalen kurkuma
- ½ theelepel zout
- ¼ theelepel gemalen witte peper

INSTRUCTIES

a) Begin met de aubergines. Verbrand, schil en laat het vruchtvlees van de aubergine uitlekken volgens de instructies in het recept Verbrande aubergine met knoflook, citroen en granaatappelpitjes . Zodra het goed is uitgelekt, snijdt u het vruchtvlees grof en doet u het in een mengkom. Voeg de yoghurt, knoflook, peterselie, 1 theelepel zout en veel zwarte peper toe. Opzij zetten.

b) Snijd de vis in zeer dunne plakjes, slechts ongeveer ⅙ inch / 2 mm dik. Snijd de plakjes in kleine dobbelsteentjes en doe ze in een middelgrote mengkom. Voeg de overige ingrediënten toe en roer goed. Maak je handen vochtig en vorm het mengsel in 12 pasteitjes of vingers, elk ongeveer 1½ oz / 45 g. Schik op een bord, dek af met plasticfolie en laat minimaal 30 minuten in de koelkast staan.

c) Giet voldoende olie in een koekenpan zodat er een dun laagje op de bodem ontstaat en zet deze op middelhoog vuur. Kook de kebabs in batches gedurende 4 tot 6 minuten per batch, en draai tot ze aan alle kanten gekleurd en gaar zijn.

d) Serveer de kebabs terwijl ze nog warm zijn, 3 per portie, naast de verbrande aubergine en een kleine hoeveelheid ingemaakte citroen (pas op, de citroenen hebben de neiging om te domineren).

51. Gebakken makreel met goudbiet en sinaasappelsalsa

Maakt: 4 ALS STARTER

INGREDIËNTEN
- 1 eetlepel harissapasta (gekocht in de winkel of zie recept)
- 1 theelepel gemalen komijn
- 4 makreelfilets (ongeveer 260 g in totaal), met vel
- 1 middelgrote gouden biet (3½ oz / 100 g in totaal)
- 1 middelgrote sinaasappel
- 1 kleine citroen, in de breedte gehalveerd
- ¼ kopje / 30 g ontpitte Kalamata-olijven, in de lengte in vieren gedeeld
- ½ kleine rode ui, fijngehakt (¼ kopje / 40 g in totaal)
- ¼ kopje / 15 g gehakte platte peterselie
- ½ theelepel korianderzaad, geroosterd en geplet
- ¾ theelepel komijnzaad, geroosterd en geplet
- ½ theelepel zoete paprika
- ½ theelepel chilivlokken
- 1 el hazelnoot- of walnootolie
- ½ theelepel olijfolie
- zout

INSTRUCTIES

a) Meng de harissapasta, gemalen komijn en een snufje zout en wrijf dit mengsel door de makreelfilets. Zet opzij in de koelkast tot klaar om te koken.

b) Kook de biet in ruim water gedurende ongeveer 20 minuten (afhankelijk van de soort kan dit veel langer duren), totdat een spies er soepel in glijdt. Laat afkoelen, pel de schil, snij in dobbelsteentjes van 0,5 cm en doe ze in een mengkom.

c) Schil de sinaasappel en 1 halve citroen, verwijder al het buitenste merg en snijd ze in vieren. Verwijder het middelste merg en eventuele zaadjes en snijd het vruchtvlees in blokjes van 0,5 cm. Voeg toe aan de bieten samen met de olijven, rode ui en peterselie.

d) Meng in een aparte kom de kruiden, het sap van de resterende citroenhelft en de notenolie. Giet dit bij het bieten-sinaasappelmengsel, roer en breng op smaak met zout. Het is het beste om de salsa minimaal 10 minuten op kamertemperatuur te laten staan, zodat alle smaken zich kunnen vermengen.

e) Verhit vlak voor het serveren de olijfolie in een grote koekenpan met anti-aanbaklaag op middelhoog vuur. Leg de makreelfilets met de velkant naar beneden in de pan en bak ze, één keer draaiend, ongeveer 3 minuten, tot ze gaar zijn. Verdeel over de serveerschalen en schep de salsa erover.

52. Kabeljauwkoekjes in Tomatensaus

Maakt: 4

INGREDIËNTEN
- 3 sneetjes witbrood, korstjes verwijderd (ongeveer 2 oz / 60 g in totaal)
- 600 g kabeljauw, heilbot, heek of koolvisfilet, ontveld en graatjes verwijderd
- 1 middelgrote ui, fijngehakt (ongeveer 1 kop / 150 g in totaal)
- 4 teentjes knoflook, geperst
- 30 g platte peterselie, fijngehakt
- 1 oz / 30 g koriander, fijngehakt
- 1 eetl gemalen komijn
- 1½ theelepel zout
- 2 extra grote vrije-uitloopeieren, losgeklopt
- 4 eetlepels olijfolie
- TOMATENSAUS
- 2½ el olijfolie
- 1½ theelepel gemalen komijn
- ½ theelepel zoete paprika
- 1 theelepel gemalen koriander
- 1 middelgrote ui, gehakt
- ½ kopje / 125 ml droge witte wijn
- één blik van 400 g gehakte tomaten
- 1 rode chilipeper, zonder zaadjes en fijngehakt
- 1 teentje knoflook, geperst
- 2 theelepels superfijne suiker
- 2 eetlepels muntblaadjes, grof gesneden
- zout en versgemalen zwarte peper

INSTRUCTIES

a) Maak eerst de tomatensaus. Verhit de olijfolie op middelhoog vuur in een zeer grote koekenpan waar je een deksel op hebt. Voeg de kruiden en ui toe en kook 8 tot 10 minuten, tot de ui helemaal zacht is. Voeg de wijn toe en laat 3 minuten koken.

Voeg de tomaten, chili, knoflook, suiker, ½ theelepel zout en wat zwarte peper toe. Laat ongeveer 15 minuten sudderen, tot het behoorlijk dik is. Proef om de smaak aan te passen en zet opzij.

b) Terwijl de saus kookt, maak je de viskoekjes. Doe het brood in een keukenmachine en maal het tot broodkruim. Snijd de vis heel fijn en doe hem samen met het brood en al het andere, behalve de olijfolie, in een kom. Meng alles goed door elkaar en vorm het mengsel met je handen tot compacte koeken van ongeveer ¾ inch/2 cm dik en 3¼ inch/8 cm in diameter. Je zou 8 taarten moeten hebben. Als ze erg zacht zijn, zet ze dan 30 minuten in de koelkast om op te stijven. (Je kunt ook wat gedroogde broodkruimels aan het mengsel toevoegen, maar doe dit spaarzaam; de cakes moeten behoorlijk nat zijn.)

c) Verhit de helft van de olijfolie in een koekenpan op middelhoog vuur, voeg de helft van de cakes toe en bak 3 minuten aan elke kant, tot ze goed gekleurd zijn. Herhaal met de resterende cakes en olie.

d) Plaats de aangebraden cakes voorzichtig naast elkaar in de tomatensaus; je kunt ze een beetje knijpen zodat ze allemaal passen. Voeg net genoeg water toe om de cakes gedeeltelijk te bedekken (ongeveer 200 ml). Dek de pan af met het deksel en laat op zeer laag vuur 15 tot 20 minuten sudderen. Zet het vuur uit en laat de cakes minstens 10 minuten onafgedekt rusten voordat u ze warm of op kamertemperatuur serveert, bestrooid met munt.

53. Gegrilde visspiesjes met hawayej & peterselie

Merken: 4 TOT 6

INGREDIËNTEN
- 2¼ lb / 1 kg stevige witte visfilets, zoals zeeduivel of heilbot, ontveld, graatjes verwijderd en in blokjes van 1 inch / 2,5 cm gesneden
- 1 kopje / 50 g fijngehakte platte peterselie
- 2 grote teentjes knoflook, geperst
- ½ theelepel chilivlokken
- 1 eetl vers geperst citroensap
- 2 eetlepels olijfolie
- zout
- partjes citroen, om te serveren
- 15 tot 18 lange bamboespiesjes, 1 uur geweekt in water
- HAWAYEJ KRUIDENMIX
- 1 theelepel zwarte peperkorrels
- 1 theelepel korianderzaad
- 1½ theelepel komijnzaad
- 4 hele kruidnagels
- ½ theelepel gemalen kardemom
- 1½ theelepel gemalen kurkuma

INSTRUCTIES
a) Begin met de hawayej-mix. Doe de peperkorrels, koriander, komijn en kruidnagel in een kruidenmolen of vijzel en maal tot ze fijngemalen zijn. Voeg de gemalen kardemom en kurkuma toe, roer goed en doe het mengsel in een grote mengkom.

b) Doe de vis, peterselie, knoflook, chilivlokken, citroensap en 1 theelepel zout in de kom met de hawayej-kruiden. Meng goed met je handen en masseer de vis in het kruidenmengsel totdat alle stukken goed bedekt zijn. Dek de kom af en laat deze bij voorkeur 6 tot 12 uur in de koelkast marineren. Als u die tijd niet kunt missen, hoeft u zich geen zorgen te maken; een uurtje zou ook prima moeten zijn.

c) Zet een geribbelde grillpan op hoog vuur en laat ongeveer 4 minuten heet worden. Rijg intussen de stukken vis aan de spiesen, 5 tot 6 stukken per stuk, en zorg ervoor dat er ruimte tussen de stukken overblijft. Bestrijk de vis voorzichtig met een beetje olijfolie en plaats de spiesen in 3 tot 4 porties op de hete bakplaat, zodat ze niet te dicht bij elkaar liggen. Grill ongeveer 1½ minuut aan elke kant, tot de vis net gaar is. U kunt ze ook op de grill of onder een grill bereiden, waarbij het aan elke kant ongeveer 2 minuten duurt om te koken.

d) Serveer onmiddellijk met de partjes citroen.

54. Garnalen, Sint-jakobsschelpen en mosselen met tomaat en feta

Maakt: 4 ALS STARTER

INGREDIËNTEN
- 1 kopje / 250 ml witte wijn
- 2¼ lb / 1 kg mosselen, geschrobd
- 3 teentjes knoflook, in dunne plakjes gesneden
- 3 el olijfolie, plus extra om af te maken
- 3½ kopjes / 600 g gepelde en gehakte Italiaanse pruimtomaten (vers of uit blik)
- 1 theelepel superfijne suiker
- 2 eetlepels gehakte oregano
- 1 citroen
- 200 g tijgergarnalen, gepeld en ontdaan van darmen
- 200 g grote sint-jakobsschelpen (indien erg groot, horizontaal doormidden gesneden)
- 4 oz / 120 g fetakaas, gebroken in stukjes van ¾ inch / 2 cm
- 3 groene uien, in dunne plakjes gesneden
- zout en versgemalen zwarte peper

INSTRUCTIES

a) Doe de wijn in een middelgrote pan en kook tot hij voor driekwart is ingekookt. Voeg de mosselen toe, dek onmiddellijk af met een deksel en kook op hoog vuur gedurende ongeveer 2 minuten, waarbij u de pan af en toe schudt, totdat de mosselen opengaan. Doe het over in een fijne zeef om uit te lekken en vang het kooksap op in een kom. Gooi de mosselen die niet opengaan weg, haal de rest uit de schelp en laat eventueel een paar met de schelp achter om het gerecht af te maken.

b) Verwarm de oven voor op 240°C.

c) Bak de knoflook in een grote koekenpan in de olijfolie op middelhoog vuur gedurende ongeveer 1 minuut, tot hij goudbruin is. Voeg voorzichtig de tomaten, het mosselvocht, de suiker, oregano en wat zout en peper toe. Schaaf 3 reepjes schil van de citroen, voeg deze toe en laat 20 tot 25 minuten zachtjes koken, tot de saus dikker wordt. Proef en voeg indien nodig zout en peper toe. Gooi de citroenschil weg.

d) Voeg de garnalen en sint-jakobsschelpen toe, roer voorzichtig en kook een minuut of twee. Vouw de gepelde mosselen erdoor en doe alles in een kleine ovenvaste schaal. Laat de fetastukjes in de saus zinken en bestrooi met de groene ui. Beleg eventueel met wat mosselen in de schelp en plaats deze 3 tot 5 minuten in de oven, tot de bovenkant een beetje kleurt en de garnalen en Sint-jakobsschelpen net gaar zijn. Haal de schaal uit de oven, knijp er een beetje citroensap over en maak af met een scheutje olijfolie.

55. Zalmsteaks in Chraimeh-saus

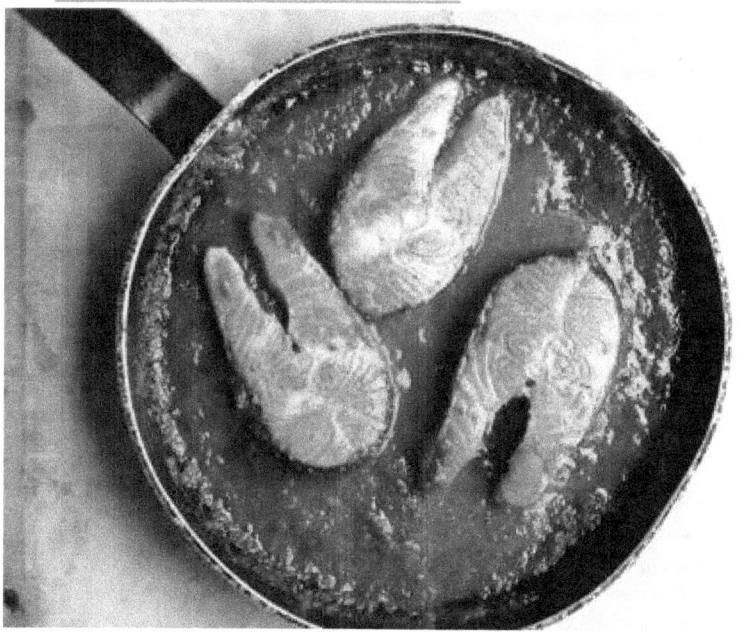

Maakt: 4

INGREDIËNTEN
- ½ kopje / 110 ml zonnebloemolie
- 3 eetlepels bloem voor alle doeleinden
- 4 zalmsteaks, ongeveer 1 lb / 950 g
- 6 teentjes knoflook, grof gesneden
- 2 theelepel zoete paprika
- 1 el karwijzaad, droog geroosterd en vers gemalen
- 1½ theelepel gemalen komijn
- afgeronde ¼ theelepel cayennepeper
- afgeronde ¼ theelepel gemalen kaneel
- 1 groene chilipeper, grof gesneden
- ⅔ kopje / 150 ml water
- 3 eetlepels tomatenpuree
- 2 theelepel superfijne suiker
- 1 citroen, in 4 partjes gesneden, plus 2 eetlepels vers geperst citroensap
- 2 eetl grof gesneden koriander
- zout en versgemalen zwarte peper

INSTRUCTIES
a) Verhit 2 eetlepels zonnebloemolie op hoog vuur in een grote koekenpan waar je een deksel op hebt. Doe de bloem in een ondiepe kom, breng royaal op smaak met zout en peper en schep de vis erin. Schud de overtollige bloem eraf en schroei de vis een minuut of twee aan elke kant, tot hij goudbruin is. Haal de vis eruit en veeg de pan schoon.

b) Doe de knoflook, kruiden, chili en 2 eetlepels zonnebloemolie in een keukenmachine en maal tot een dikke pasta. Mogelijk moet je nog een beetje olie toevoegen om alles bij elkaar te brengen.

c) Giet de resterende olie in de koekenpan, verwarm goed en voeg de kruidenpasta toe. Roer en bak slechts 30 seconden, zodat de kruiden niet verbranden. Voeg snel maar voorzichtig (het kan spugen!) het water en de tomatenpuree toe om te voorkomen dat de kruiden koken. Breng aan de kook en voeg de suiker, het citroensap, ¾ theelepel zout en wat peper toe. Smaak voor kruiden.

d) Doe de vis in de saus, breng zachtjes aan de kook, dek de pan af en kook gedurende 7 tot 11 minuten, afhankelijk van de grootte van de vis, tot hij net gaar is. Haal de pan van het vuur, verwijder het deksel en laat afkoelen. Serveer de vis warm of op kamertemperatuur. Garneer elke portie met de koriander en een schijfje citroen.

56. Gemarineerde zoetzure vis

Maakt: 4

INGREDIËNTEN
- 3 eetlepels olijfolie
- 2 middelgrote uien, gesneden in plakjes van ⅜ inch / 1 cm (3 kopjes / 350 g in totaal)
- 1 eetl korianderzaad
- 2 paprika's (1 rode en 1 gele), in de lengte gehalveerd, zonder zaadjes en in reepjes van ⅜ inch / 1 cm breed gesneden (3 kopjes / 300 g totaal)
- 2 teentjes knoflook, geperst
- 3 laurierblaadjes
- 1½ eetl kerriepoeder
- 3 tomaten, gehakt (2 kopjes / 320 g in totaal)
- 2½ eetlepel suiker
- 5 eetlepels ciderazijn
- 500 g koolvis-, kabeljauw-, heilbot-, schelvis- of andere witte visfilets, verdeeld in 4 gelijke stukken
- gekruide bloem voor alle doeleinden, om te bestuiven
- 2 extra grote eieren, losgeklopt
- ⅓ kopje / 20 g gehakte koriander

zout en versgemalen zwarte peper

INSTRUCTIES
a) Verwarm de oven voor op 190°C.

b) Verhit 2 eetlepels olijfolie in een grote ovenvaste koekenpan of braadpan op middelhoog vuur. Voeg de uien en het korianderzaad toe en kook 5 minuten, onder regelmatig roeren. Voeg de paprika toe en bak nog eens 10 minuten. Voeg de knoflook, laurierblaadjes, kerriepoeder en tomaten toe en kook nog 8 minuten, af en toe roeren. Voeg de suiker, azijn, 1½ theelepel zout en wat zwarte peper toe en laat nog 5 minuten koken.

c) Verhit ondertussen de resterende 1 eetlepel olie in een aparte koekenpan op middelhoog vuur. Bestrooi de vis met wat zout, dompel hem in de bloem en vervolgens in de eieren en bak ongeveer 3 minuten, waarbij u hem één keer omdraait. Leg de vis op keukenpapier om de overtollige olie te absorberen, doe hem dan bij de paprika en uien in de pan en duw de groenten opzij zodat de vis op de bodem van de pan komt te liggen. Voeg voldoende water toe om de vis (ongeveer 250 ml) in de vloeistof onder te dompelen.

d) Zet de pan 10 tot 12 minuten in de oven, tot de vis gaar is. Haal uit de oven en laat afkoelen tot kamertemperatuur. De vis kan nu geserveerd worden, maar is eigenlijk nog lekkerder na een dag of twee in de koelkast. Proef voor het serveren en voeg indien nodig zout en peper toe en garneer met de koriander.

57. Pompoen- en tahinipasta

Merken: 6 TOT 8

INGREDIËNTEN
- 1 zeer grote flespompoen (ongeveer 1,2 kg), geschild en in stukjes gesneden (7 kopjes / 970 g in totaal)
- 3 eetlepels olijfolie
- 1 theelepel gemalen kaneel
- 5 eetlepels / 70 g lichte tahinipasta
- ½ kopje / 120 g Griekse yoghurt
- 2 kleine teentjes knoflook, geperst
- 1 theelepel gemengde zwarte en witte sesamzaadjes (of gewoon wit, als je geen zwart hebt)
- 1½ theelepel dadelsiroop
- 2 el gehakte koriander (optioneel)
- zout

INSTRUCTIES

a) Verwarm de oven voor op 200°C.

b) Verdeel de pompoen in een middelgrote braadpan. Giet de olijfolie erover en strooi de kaneel en ½ theelepel zout erover. Meng goed door elkaar, dek de pan goed af met aluminiumfolie en rooster in de oven gedurende 70 minuten, terwijl u tijdens het koken één keer roert. Haal uit de oven en laat afkoelen.

c) Doe de pompoen samen met de tahini, yoghurt en knoflook in een keukenmachine. Pureer grof zodat alles tot een grove pasta vermengt, zonder dat de smeersel glad wordt; Je kunt dit ook met de hand doen met een vork of aardappelstamper.

d) Verdeel de butternut in een golvend patroon over een plat bord en bestrooi met het sesamzaad, besprenkel met de siroop en werk af met de koriander, indien gebruikt.

58. Polpettone

Maakt: 8

INGREDIËNTEN
- 3 grote vrije-uitloopeieren
- 1 eetl fijngehakte platte peterselie
- 2 theelepel olijfolie
- 1 pond / 500 g rundergehakt
- 1 kopje / 100 g broodkruimels
- ½ kopje / 60 g ongezouten pistachenoten
- ½ kopje / 80 g augurken (3 of 4), gesneden in stukjes van ⅜ inch / 1 cm
- 200 g gekookte rundertong (of ham), in dunne plakjes gesneden
- 1 grote wortel, in stukjes gesneden
- 2 stengels bleekselderij, in stukjes gesneden
- 1 takje tijm
- 2 laurierblaadjes
- ½ ui, gesneden
- 1 theelepel kippenbouillonbasis
- kokend water, om te koken
- zout en versgemalen zwarte peper

SALSINA VERDE
- 2 oz / 50 g takjes platte peterselie
- 1 teentje knoflook, geperst
- 1 eetl kappertjes
- 1 eetl vers geperst citroensap
- 1 eetl witte wijnazijn
- 1 groot vrije uitloop ei, hardgekookt en gepeld
- ⅔ kopje / 150 ml olijfolie
- 3 eetlepels broodkruim, bij voorkeur vers
- zout en versgemalen zwarte peper

INSTRUCTIES

a) Begin met het maken van een platte omelet. Klop 2 eieren, de gehakte peterselie en een snufje zout door elkaar. Verhit de olijfolie in een grote koekenpan (ongeveer 28 cm diameter) op middelhoog vuur en giet de eieren erin. Laat 2 tot 3 minuten koken, zonder te roeren, tot de eieren een dunne omelet vormen. Zet opzij om af te koelen.

b) Meng in een grote kom het rundvlees, het paneermeel, de pistachenoten, de augurken, het resterende ei, 1 theelepel zout en ½ theelepel peper. Leg een grote, schone theedoek (je kunt eventueel een oude gebruiken waarvan je het niet erg vindt om die weg te gooien; het schoonmaken ervan zal een kleine bedreiging zijn) over je werkoppervlak. Neem nu het vleesmengsel en spreid het uit op de handdoek, vorm het met je handen tot een rechthoekige schijf, ⅜ inch / 1 cm dik en ongeveer 12 bij 10 inch / 30 bij 25 cm. Houd de randen van de doek vrij.

c) Bedek het vlees met de tongplakken, maar laat 2 cm vrij rond de rand. Snij de omelet in 4 brede reepjes en verdeel deze gelijkmatig over de tong.

d) Til de doek op, zodat u het vlees vanaf een van de brede zijden naar binnen kunt rollen. Ga door met het rollen van het vlees tot een grote worstvorm, waarbij u de handdoek gebruikt om u te helpen. Uiteindelijk wil je een strak, jelly-roll-achtig brood, met het gehakt aan de buitenkant en de omelet in het midden. Bedek het brood met de handdoek en wikkel het goed in, zodat het van binnen afgesloten is. Bind de uiteinden vast met touw en stop overtollige stof onder de boomstam, zodat je een strak gebonden bundel krijgt.

e) Plaats de bundel in een grote pan of Nederlandse oven. Gooi de wortel, selderij, tijm, laurier, ui en bouillonbasis rond het brood en giet er kokend water over zodat het bijna onder water staat. Dek de pan af met een deksel en laat 2 uur sudderen.

f) Haal het brood uit de pan en leg het opzij zodat een deel van de vloeistof kan weglopen (de stroperige bouillon zou een uitstekende soepbasis zijn). Plaats na ongeveer 30 minuten iets zwaars erop om meer sappen te verwijderen. Zodra het op kamertemperatuur is gekomen, zet u het gehaktbrood in de koelkast, nog steeds afgedekt met een doek, om het gedurende 3 tot 4 uur goed te laten afkoelen.

g) Doe voor de saus alle ingrediënten in een keukenmachine en maal tot een grove consistentie (of, voor een rustieke uitstraling, hak de peterselie, kappertjes en het ei met de hand en roer samen met de rest van de ingrediënten). Proef en pas de smaak aan.

h) Om te serveren haalt u het brood van de handdoek, snijdt het in plakjes van ⅜ inch / 1 cm dik en legt u deze op een serveerschaal. Serveer de saus ernaast.

59. Verkoolde okra met tomaat

Maakt: 2 ALS BIJGERECHT

INGREDIËNTEN
- 10½ oz / 300 g baby of heel kleine okra
- 2 eetlepels olijfolie, plus meer indien nodig
- 4 teentjes knoflook, in dunne plakjes gesneden
- ⅔ oz / 20 g geconserveerde citroenschil (gekocht in de winkel of zie recept), gesneden in partjes van ⅜ inch / 1 cm
- 3 kleine tomaten (7 oz / 200 g in totaal), in 8 partjes gesneden, of gehalveerde kerstomaatjes
- 1½ theelepel gehakte platte peterselie
- 1½ theelepel gehakte koriander
- 1 eetl vers geperst citroensap
- Maldon zeezout en versgemalen zwarte peper

INSTRUCTIES

a) Snijd met een klein, scherp fruitmes de okra-peulen af en verwijder de stengel net boven de peul, zodat de zaden niet bloot komen te liggen.

b) Zet een grote koekenpan met dikke bodem op hoog vuur en laat een paar minuten staan. Als het bijna roodgloeiend is, doe je de okra in twee porties erbij en laat het droogkoken, waarbij je de pan af en toe schudt, gedurende 4 minuten per batch. De okra-peulen moeten af en toe een donkere blaar hebben.

c) Doe alle verkoolde okra terug in de pan en voeg de olijfolie, knoflook en ingemaakte citroen toe. Roerbak gedurende 2 minuten en schud de pan. Zet het vuur middelhoog en voeg de tomaten, 2 eetlepels water, de gehakte kruiden, het citroensap en ½ theelepel zout en wat zwarte peper toe. Roer alles voorzichtig door elkaar, zodat de tomaten niet uiteenvallen, en kook nog 2 tot 3 minuten, tot de tomaten warm zijn. Doe het mengsel in een serveerschaal, besprenkel met nog meer olijfolie, voeg een beetje zout toe en serveer.

60. Verbrande Aubergine met Granaatappelzaadjes

Maakt: 4 ALS ONDERDEEL VAN EEN MEZE-BORD

INGREDIËNTEN
- 4 grote aubergines (3¼ lb / 1,5 kg voor het koken; 2½ kopjes / 550 g na het branden en uitlekken van het vlees)
- 2 teentjes knoflook, geperst
- geraspte schil van 1 citroen en 2 el vers geperst citroensap
- 5 eetlepels olijfolie
- 2 eetlepels gehakte platte peterselie
- 2 eetl gehakte munt
- zaden van ½ grote granaatappel (½ kopje / 80 g in totaal)
- zout en versgemalen zwarte peper

INSTRUCTIES

a) Als je een gasfornuis hebt, bekleed de basis dan met aluminiumfolie om deze te beschermen, zodat alleen de branders zichtbaar blijven. Plaats de aubergines rechtstreeks op vier afzonderlijke gasbranders met middelmatige vlammen en rooster ze 15 tot 18 minuten, tot de schil verbrand en schilferig is en het vruchtvlees zacht is. Gebruik een metalen tang om ze af en toe om te draaien. U kunt de aubergines ook op enkele plaatsen met een mes inkerven, ongeveer 2 cm diep, en ongeveer een uur op een bakplaat onder een hete grill leggen. Draai ze ongeveer elke 20 minuten om en blijf koken, zelfs als ze barsten en breken.

b) Haal de aubergines van het vuur en laat ze iets afkoelen. Zodra de aubergine voldoende is afgekoeld om te hanteren, snijd je een opening langs elke aubergine en schep je het zachte vruchtvlees eruit. Verdeel het met je handen in lange dunne reepjes. Gooi de huid weg. Laat het vruchtvlees minimaal een uur, maar bij voorkeur langer, in een vergiet uitlekken om zoveel mogelijk water kwijt te raken.

c) Doe de auberginepulp in een middelgrote kom en voeg de knoflook, de citroenschil en het sap, de olijfolie, ½ theelepel zout en een goede hoeveelheid zwarte peper toe. Roer en laat de aubergine minimaal een uur op kamertemperatuur marineren.

d) Als je klaar bent om te serveren, meng je de meeste kruiden erdoor en proef je of je het op smaak hebt gebracht. Schep het geheel hoog op een serveerschaal, strooi de granaatappelpitjes erover en garneer met de overige kruiden.

61. Tabouleh

Maakt: 4 royaal

INGREDIËNTEN
- ½ kopje / 30 g fijne bulgurtarwe
- 2 grote tomaten, rijp maar stevig (10½ oz / 300 g in totaal)
- 1 sjalot, fijngehakt (3 el / 30 g in totaal)
- 3 eetlepels vers geperst citroensap, plus een beetje extra om af te maken
- 4 grote bosjes platte peterselie (5½ oz / 160 g in totaal)
- 2 bosjes munt (1 oz / 30 g in totaal)
- 2 theelepel gemalen piment
- 1 theelepel baharat kruidenmix (gekocht in de winkel of zie recept)
- ½ kopje / 80 ml olijfolie van topkwaliteit
- zaden van ongeveer ½ grote granaatappel (½ kopje / 70 g in totaal), optioneel
- zout en versgemalen zwarte peper

INSTRUCTIES

a) Doe de bulgur in een fijne zeef en laat onder koud water lopen tot het water er helder uitziet en het meeste zetmeel is verwijderd. Breng over naar een grote mengkom.

b) Gebruik een klein gekarteld mes om de tomaten in plakjes van 0,5 cm dik te snijden. Snijd elke plak in reepjes van ¼ inch / 0,5 cm en vervolgens in dobbelsteentjes. Voeg de tomaten en hun sap toe aan de kom, samen met het sjalotten- en citroensap en roer goed.

c) Neem een paar takjes peterselie en druk ze stevig tegen elkaar aan. Gebruik een groot, zeer scherp mes om de meeste stelen af te snijden en weg te gooien. Gebruik nu het mes om de stengels en bladeren omhoog te bewegen, waarbij je het mes geleidelijk aan "voedt" om de peterselie zo fijn mogelijk te versnipperen en te voorkomen dat je stukken snijdt die breder zijn dan 1/16 inch / 1 mm. Voeg toe aan de kom.

d) Pluk de muntblaadjes van de stengels, pak er een paar stevig bij elkaar en hak ze fijn, net zoals je met de peterselie deed; Hak ze niet te veel fijn, want ze verkleuren vaak. Voeg toe aan de kom.

e) Voeg ten slotte de piment, baharat, olijfolie, granaatappel (indien gebruikt) en wat zout en peper toe. Proef en voeg eventueel nog wat zout en peper toe, eventueel een klein beetje citroensap, en serveer.

62. Geroosterde aardappelen met karamel en pruimen

Maakt: 4

INGREDIËNTEN
- 2¼ lb / 1 kg bloemige aardappelen, zoals roodbruin
- ½ kopje / 120 ml ganzenvet
- 5 oz / 150 g hele zachte Agen-pruimen, ontpit
- ½ kopje / 90 g superfijne suiker
- 3½ el / 50 ml ijswater
- zout

INSTRUCTIES

a) Verwarm de oven voor op 240°C.

b) Schil de aardappelen, laat de kleine heel en halveer de grotere, zodat je stukjes van ongeveer 60 gram overhoudt. Spoel af onder koud water en doe de aardappelen in een grote pan met veel vers, koud water. Breng aan de kook en laat 8 tot 10 minuten koken. Giet de aardappelen goed af en schud het vergiet om de randen ruwer te maken.

c) Doe het ganzenvet in een braadpan en verwarm in de oven tot het rookt, ongeveer 8 minuten. Haal de pan voorzichtig uit de oven en doe de gekookte aardappelen met een metalen tang in het hete vet en rol ze daarbij rond in het vet. Plaats de pan voorzichtig op het hoogste rek van de oven en kook gedurende 50 tot 65 minuten, of tot de aardappelen goudbruin en knapperig zijn aan de buitenkant. Draai ze tijdens het koken af en toe om.

d) Zodra de aardappelen bijna klaar zijn, haalt u de bakplaat uit de oven en kantelt u deze boven een hittebestendige kom om het meeste vet te verwijderen. Voeg ½ theelepel zout en de pruimen toe en roer voorzichtig. Zet terug in de oven voor nog eens 5 minuten.

e) Maak in deze tijd de karamel. Doe de suiker in een schone pan met dikke bodem en zet op laag vuur. Kijk zonder te roeren hoe de suiker een rijke karamelkleur krijgt. Zorg ervoor dat u de suiker te allen tijde in de gaten houdt. Zodra je deze kleur hebt bereikt, haal je de pan van het vuur. Houd de pan op een veilige afstand van uw gezicht en giet snel het ijswater in de karamel om te voorkomen dat deze kookt. Zet het vuur terug en roer om eventuele suikerklontjes te verwijderen.

f) Roer voor het serveren de karamel door de aardappelen en pruimen. Doe het in een serveerschaal en eet het in één keer op.

63. Snijbiet met tahini, yoghurt en beboterde pijnboompitten

Maakt: 4

INGREDIËNTEN
- 2¾ lb / 1,3 kg snijbiet
- 2½ el / 40 g ongezouten boter
- 2 el olijfolie, plus extra om af te maken
- 5 el / 40 g pijnboompitten
- 2 kleine teentjes knoflook, heel dun gesneden
- ¼ kopje / 60 ml droge witte wijn
- zoete paprika, om te garneren (optioneel)
- zout en versgemalen zwarte peper

TAHINI & YOGHURTSAUS
- 3½ eetlepel / 50 g lichte tahinipasta
- 4½ el / 50 g Griekse yoghurt
- 2 el vers geperst citroensap
- 1 teentje knoflook, geperst
- 2 eetlepels water

INSTRUCTIES
a) Begin met de saus. Doe alle ingrediënten in een middelgrote kom, voeg een snufje zout toe en roer goed met een kleine garde tot je een gladde, halfstijve pasta krijgt. Opzij zetten.
b) Gebruik een scherp mes om de snijbietstengels van de groene bladeren te scheiden en snijd beide in plakjes van 2 cm breed, houd ze gescheiden. Breng een grote pan gezouten water aan de kook en voeg de snijbietstengels toe. Laat 2 minuten sudderen, voeg de bladeren toe en kook nog een minuut. Giet af en spoel goed af onder koud water. Laat het water weglopen en gebruik dan je handen om de snijbiet uit te knijpen totdat deze helemaal droog is.
c) Doe de helft van de boter en de 2 eetlepels olijfolie in een grote koekenpan en zet op middelhoog vuur. Zodra ze warm zijn, voeg je de pijnboompitten toe en gooi ze in de pan tot ze goudbruin zijn, ongeveer 2 minuten. Gebruik een schuimspaan

om ze uit de pan te halen en gooi de knoflook erin. Kook ongeveer een minuut, totdat het goudbruin begint te worden. Voorzichtig (het spuugt!) Giet de wijn erbij. Laat het een minuut of korter staan, totdat het is ingedikt tot ongeveer een derde. Voeg de snijbiet en de rest van de boter toe en kook 2 tot 3 minuten, af en toe roerend, tot de snijbiet helemaal warm is. Breng op smaak met ½ theelepel zout en wat zwarte peper.

d) Verdeel de snijbiet over individuele serveerschalen, schep er wat tahinisaus over en bestrooi met de pijnboompitten. Besprenkel ten slotte met olijfolie en bestrooi eventueel met wat paprikapoeder.

64. Saffraanrijst met berberissen, pistache en gemengde kruiden

Maakt: 6

INGREDIËNTEN
- 2½ el / 40 g ongezouten boter
- 2 kopjes / 360 g basmatirijst, afgespoeld onder koud water en goed uitgelekt
- 2⅓ kopjes / 560 ml kokend water
- 1 theelepel saffraandraadjes, 30 minuten geweekt in 3 eetlepels kokend water
- ¼ kopje / 40 g gedroogde berberisbessen, een paar minuten geweekt in kokend water met een snufje suiker
- 1 oz / 30 g dille, grof gehakt
- ⅔ oz / 20 g kervel, grof gesneden
- ⅓ oz / 10 g dragon, grof gesneden
- ½ kopje / 60 g geraspte of gemalen ongezouten pistachenoten, licht geroosterd
- zout en versgemalen witte peper

INSTRUCTIES

a) Smelt de boter in een middelgrote pan en roer de rijst erdoor, zorg ervoor dat de korrels goed bedekt zijn met boter. Voeg het kokende water, 1 theelepel zout en wat witte peper toe. Meng goed, dek af met een goed sluitend deksel en laat 15 minuten op zeer laag vuur koken. Laat je niet verleiden om de pan bloot te leggen; je moet de rijst goed laten stomen.

b) Haal de rijstpan van het vuur – al het water zal door de rijst zijn opgenomen – en giet het saffraanwater over één kant van de rijst, zodat ongeveer een kwart van het oppervlak bedekt is en het grootste deel wit blijft. Dek de pan direct af met een theedoek en sluit hem weer goed af met de deksel. Zet 5 tot 10 minuten opzij.

c) Gebruik een grote lepel om het witte gedeelte van de rijst in een grote mengkom te doen en maak het los met een vork. Giet de berberissen af en roer ze erdoor, gevolgd door de kruiden en de meeste pistachenoten , laat er een paar achter voor de garnering. Goed mengen. Maak de saffraanrijst los met een vork en spatel deze voorzichtig door de witte rijst. Meng niet te veel; je wilt niet dat de witte korrels verkleurd worden door het geel. Proef en pas de smaak aan. Doe de rijst in een ondiepe serveerschaal en strooi de resterende pistachenoten erover. Serveer warm of op kamertemperatuur.

65. Sabih

Maakt: 4

INGREDIËNTEN
- 2 grote aubergines (ongeveer 750 g in totaal)
- ongeveer 1¼ kopjes / 300 ml zonnebloemolie
- 4 sneetjes witbrood van goede kwaliteit, geroosterd, of verse en vochtige mini-pita's
- 1 kop / 240 ml Tahinisaus
- 4 grote vrije-uitloopeieren, hardgekookt, geschild en in plakjes van ⅜ inch / 1 cm dik gesneden of in vieren
- ongeveer 4 eetlepels Zhoug
- amba of hartige mango-augurk (optioneel)
- zout en versgemalen zwarte peper

GEHAKTE SALADE
- 2 middelrijpe tomaten, in blokjes van ⅜ inch / 1 cm gesneden (ongeveer 1 kop / 200 g in totaal)
- 2 minikomkommers, in dobbelsteentjes van ⅜ inch / 1 cm gesneden (ongeveer 1 kop / 120 g in totaal)
- 2 groene uien, in dunne plakjes gesneden
- 1½ eetl gehakte platte peterselie
- 2 theelepels vers geperst citroensap
- 1½ el olijfolie

INSTRUCTIES

a) Gebruik een dunschiller om de reepjes auberginehuid van boven naar beneden af te pellen, zodat de aubergines afwisselend reepjes zwarte schil en wit vruchtvlees achterlaten, zebraachtig. Snijd beide aubergines in de breedte in plakjes van 2,5 cm dik. Bestrooi ze aan beide kanten met zout, spreid ze uit op een bakplaat en laat ze minimaal 30 minuten staan om wat water te verwijderen. Gebruik papieren handdoeken om ze af te vegen.

b) Verhit de zonnebloemolie in een ruime koekenpan. Voorzichtig (de olie spuugt) bak de auberginesplakken in batches tot ze mooi donker zijn, één keer draaien, in totaal 6 tot 8 minuten. Voeg indien nodig olie toe terwijl u de batches kookt. Als je klaar bent, moeten de stukjes aubergine in het midden helemaal gaar zijn. Haal uit de pan en laat uitlekken op keukenpapier.

c) Maak de gesneden salade door alle ingrediënten te mengen en op smaak te brengen met peper en zout.

d) Leg vlak voor het serveren op elk bord 1 sneetje brood of pitabroodje. Schep 1 eetlepel tahinisaus over elke plak en leg de plakken aubergine er overlappend bovenop. Sprenkel er nog wat tahini over, maar zonder de plakjes aubergine volledig te bedekken. Kruid elk plakje ei met zout en peper en verdeel over de aubergine. Sprenkel er nog wat tahini over en schep er zoveel zhoug over als je wilt; wees voorzichtig, het is heet! Schep er eventueel ook de mango-augurk over. Serveer de groentesalade apart en schep er indien gewenst wat over elke portie.

66. Mejadra

Maakt: 6

INGREDIËNTEN
- 1¼ kopjes / 250 g groene of bruine linzen
- 4 middelgrote uien (700 g / 1½ lb vóór het pellen)
- 3 eetlepels bloem voor alle doeleinden
- ongeveer 1 kopje / 250 ml zonnebloemolie
- 2 theelepel komijnzaad
- 1½ eetl korianderzaad
- 1 kop / 200 g basmatirijst
- 2 eetlepels olijfolie
- ½ theelepel gemalen kurkuma
- 1½ theelepel gemalen piment
- 1½ theelepel gemalen kaneel
- 1 theelepel suiker
- 1½ kopjes / 350 ml water
- zout en versgemalen zwarte peper

INSTRUCTIES

a) Doe de linzen in een kleine pan, bedek ze met ruim water, breng aan de kook en kook gedurende 12 tot 15 minuten, tot de linzen zacht zijn maar nog wel een beetje beet hebben. Giet af en zet opzij.

b) Pel de uien en snijd ze in dunne plakjes. Leg het op een groot plat bord, bestrooi met de bloem en 1 theelepel zout en meng goed met je handen. Verhit de zonnebloemolie in een pan met middelmatige dikke bodem en zet deze op hoog vuur. Zorg ervoor dat de olie heet is door er een klein stukje ui in te gooien; het moet krachtig sissen. Zet het vuur middelhoog en voeg voorzichtig (het kan spugen!) een derde van de gesneden ui toe. Bak 5 tot 7 minuten, af en toe roerend met een schuimspaan, tot de ui een mooie goudbruine kleur krijgt en krokant wordt (pas de temperatuur aan zodat de ui niet te snel bakt en verbrandt). Gebruik de lepel om de ui over te brengen naar een vergiet bekleed met keukenpapier en bestrooi met nog een beetje zout. Doe hetzelfde met de andere twee partijen uien; voeg indien nodig een beetje extra olie toe.

c) Veeg de pan waarin je de ui gebakken hebt schoon en doe het komijn- en korianderzaad erin. Zet op middelhoog vuur en rooster de zaden een minuut of twee. Voeg de rijst, olijfolie, kurkuma, piment, kaneel, suiker, ½ theelepel zout en veel zwarte peper toe. Roer om de rijst met de olie te bedekken en voeg dan de gekookte linzen en het water toe. Breng aan de kook, dek af met een deksel en laat op zeer laag vuur gedurende 15 minuten koken.

d) Haal van het vuur, til het deksel eraf en dek de pan snel af met een schone theedoek. Sluit goed af met het deksel en laat 10 minuten staan.

e) Voeg ten slotte de helft van de gebakken ui toe aan de rijst en de linzen en roer voorzichtig met een vork. Doe het mengsel in een ondiepe serveerschaal en garneer met de rest van de ui.

67. Tarwebessen en snijbiet met granaatappelmelasse

Maakt: 4

INGREDIËNTEN
- 1⅓ lb / 600 g snijbiet of regenboogsnijbiet
- 2 eetlepels olijfolie
- 1 eetl ongezouten boter
- 2 grote preien, witte en lichtgroene delen, in dunne plakjes gesneden (3 kopjes / 350 g in totaal)
- 2 eetlepels lichtbruine suiker
- ongeveer 3 eetlepels granaatappelmelasse
- 1¼ kopjes / 200 g gepelde of ongepelde tarwebessen
- 2 kopjes / 500 ml kippenbouillon
- zout en versgemalen zwarte peper
- Griekse yoghurt, om te serveren

INSTRUCTIES

a) Scheid de witte stengels van de snijbiet met een klein, scherp mes van de groene bladeren. Snijd de stengels in plakjes van ⅜ inch / 1 cm en de bladeren in plakjes van ¾ inch / 2 cm.

b) Verhit de olie en boter in een grote pan met dikke bodem. Voeg de prei toe en kook al roerend 3 tot 4 minuten. Voeg de snijbietstengels toe en kook gedurende 3 minuten, voeg dan de bladeren toe en kook nog eens 3 minuten. Voeg de suiker, 3 eetlepels granaatappelmelasse en de tarwebessen toe en meng goed. Voeg de bouillon, ¾ theelepel zout en wat zwarte peper toe, breng zachtjes aan de kook en kook op laag vuur, afgedekt, gedurende 60 tot 70 minuten. De tarwe zou op dit punt al dente moeten zijn.

c) Verwijder het deksel en verhoog, indien nodig, het vuur en laat de resterende vloeistof verdampen. De bodem van de pan moet droog zijn en een beetje gebrande karamel bevatten. Haal van het vuur.

d) Proef voor het serveren en voeg indien nodig meer melasse, zout en peper toe; je wilt het scherp en zoet, dus wees niet verlegen met je melasse. Serveer warm, met een klodder Griekse yoghurt.

68. Balilah

Maakt: 4

INGREDIËNTEN
- 1 kopje / 200 g gedroogde kikkererwten
- 1 theelepel zuiveringszout
- 1 kopje / 60 g gehakte platte peterselie
- 2 groene uien, in dunne plakjes gesneden
- 1 grote citroen
- 3 eetlepels olijfolie
- 2½ theelepel gemalen komijn
- zout en versgemalen zwarte peper

INSTRUCTIES

a) Doe de kikkererwten de avond ervoor in een grote kom en bedek ze met koud water, minstens tweemaal hun volume. Voeg de baking soda toe en laat een nacht op kamertemperatuur staan.

b) Giet de kikkererwten af en doe ze in een grote pan. Bedek met veel koud water en plaats op hoog vuur. Breng aan de kook, schuim het wateroppervlak af, zet het vuur laag en laat 1 tot 1½ uur sudderen, tot de kikkererwten heel zacht zijn maar nog steeds hun vorm behouden.

c) Terwijl de kikkererwten koken, doe je de peterselie en de groene uien in een grote mengkom. Schil de citroen door hem te toppen en van de staart te verwijderen, op een plank te plaatsen en met een klein scherp mes langs de rondingen te gaan om de schil en het witte merg te verwijderen. Gooi het vel, het merg en de zaden weg en hak het vruchtvlees grof. Voeg het vruchtvlees en alle sappen toe aan de kom.

d) Zodra de kikkererwten klaar zijn, giet je ze af en doe ze in de kom terwijl ze nog heet zijn. Voeg de olijfolie, komijn, ¾ theelepel zout en flink wat peper toe. Goed mengen. Laat afkoelen tot het net warm is, proef of het op smaak is en serveer.

69. Basmatirijst & orzo

Maakt: 6

INGREDIËNTEN
- 1⅓ kopjes / 250 g basmatirijst
- 1 eetlepel gesmolten ghee of ongezouten boter
- 1 eetl zonnebloemolie
- ½ kopje / 85 g orzo
- 2½ kopjes / 600 ml kippenbouillon
- 1 theelepel zout

INSTRUCTIES
a)   Was de basmatirijst goed, doe hem in een grote kom en bedek hem met ruim koud water. Laat het 30 minuten weken en laat het dan uitlekken.

b)   Verhit de ghee en de olie op middelhoog vuur in een pan met middelmatige dikke bodem en een deksel. Voeg de orzo toe en bak 3 tot 4 minuten, tot de korrels donker goudbruin worden. Voeg de bouillon toe, breng aan de kook en kook gedurende 3 minuten. Voeg de uitgelekte rijst en het zout toe, breng aan de kook, roer een of twee keer, dek de pan af en laat op zeer laag vuur gedurende 15 minuten sudderen. Laat je niet verleiden om de pan bloot te leggen; je moet de rijst goed laten stomen.

c)   Zet het vuur uit, verwijder de deksel en dek de pan snel af met een schone theedoek. Plaats het deksel terug op de handdoek en laat het 10 minuten staan. Maak de rijst vóór het serveren los met een vork.

70. Basmati & Wilde Rijst met Kikkererwten, Krenten & Kruiden

Maakt: 6

INGREDIËNTEN
- ⅓ kopje / 50 g wilde rijst
- 2½ el olijfolie
- afgerond 1 kopje / 220 g basmatirijst
- 1½ kopjes / 330 ml kokend water
- 2 theelepel komijnzaad
- 1½ theelepel kerriepoeder
- 1½ kopjes / 240 g gekookte en uitgelekte kikkererwten (uit blik is prima)
- ¾ kopje / 180 ml zonnebloemolie
- 1 middelgrote ui, in dunne plakjes gesneden
- 1½ theelepel bloem voor alle doeleinden
- ⅔ kopje / 100 g krenten
- 2 eetlepels gehakte platte peterselie
- 1 eetl gehakte koriander
- 1 eetl gehakte dille
- zout en versgemalen zwarte peper

INSTRUCTIES

a) Begin door de wilde rijst in een kleine pan te doen, zet hem onder water, breng aan de kook en laat ongeveer 40 minuten koken, tot de rijst gaar maar nog steeds behoorlijk stevig is. Giet af en zet opzij.

b) Om de basmatirijst te koken, giet je 1 eetlepel olijfolie in een middelgrote pan met een goed sluitend deksel en zet je deze op hoog vuur. Voeg de rijst en ¼ theelepel zout toe en roer terwijl je de rijst opwarmt. Voeg voorzichtig het kokende water toe, zet het vuur heel laag, dek de pan af met het deksel en laat 15 minuten koken.

c) Haal de pan van het vuur, dek af met een schone theedoek en vervolgens met de deksel, en laat 10 minuten van het vuur af staan.

d) Terwijl de rijst kookt, maak je de kikkererwten klaar. Verhit de resterende 1½ el olijfolie in een kleine pan op hoog vuur. Voeg het komijnzaad en het kerriepoeder toe, wacht een paar seconden en voeg dan de kikkererwten en ¼ theelepel zout toe; Zorg ervoor dat je dit snel doet, anders kunnen de kruiden in de olie verbranden. Roer het vuur een minuut of twee door, alleen om de kikkererwten te verwarmen, en doe het dan in een grote mengkom.

e) Veeg de pan schoon, giet de zonnebloemolie erin en zet hem op hoog vuur. Zorg ervoor dat de olie heet is door er een klein stukje ui in te gooien; het moet krachtig sissen. Gebruik je handen om de ui met de bloem te mengen, zodat deze een beetje bedekt is. Neem een deel van de ui en plaats deze voorzichtig (hij kan spugen!) in de olie. Bak gedurende 2 tot 3 minuten, tot ze goudbruin zijn, doe ze vervolgens op keukenpapier, laat ze uitlekken en bestrooi ze met zout. Herhaal dit in batches totdat alle uien gebakken zijn.

f) Voeg als laatste beide rijstsoorten toe aan de kikkererwten en daarna de krenten, kruiden en gebakken ui. Roer, proef en voeg naar smaak zout en peper toe. Serveer warm of op kamertemperatuur.

71. Gersterisotto met gemarineerde feta

Maakt: 4

INGREDIËNTEN
- 1 kopje / 200 g parelgort
- 2 eetlepels / 30 g ongezouten boter
- 6 el / 90 ml olijfolie
- 2 kleine stengels bleekselderij, in blokjes van ¼ inch / 0,5 cm gesneden
- 2 kleine sjalotjes, in dobbelsteentjes van 0,5 cm gesneden
- 4 teentjes knoflook, in dobbelstenen van 1/16 inch / 2 mm gesneden
- 4 takjes tijm
- ½ tl gerookt paprikapoeder
- 1 laurierblad
- 4 reepjes citroenschil
- ¼ theelepel chilivlokken
- één blik van 400 g gehakte tomaten
- 3 kopjes / 700 ml groentebouillon
- 1¼ kopjes / 300 ml passata (gezeefde geplette tomaten)
- 1 eetl karwijzaad
- 300 g fetakaas, gebroken in stukjes van ongeveer ¾ inch / 2 cm
- 1 el verse oreganoblaadjes
- zout

INSTRUCTIES

a) Spoel de Alkmaarse gort goed af onder koud water en laat uitlekken.

b) Smelt de boter en 2 eetlepels olijfolie in een zeer grote koekenpan en kook de bleekselderij, sjalotjes en knoflook op zacht vuur gedurende 5 minuten, tot ze zacht zijn. Voeg de gerst, tijm, paprika, laurier, citroenschil, chilivlokken, tomaten, bouillon, passata en zout toe. Roer om te combineren. Breng het mengsel aan de kook, laat het geheel zachtjes koken en laat het

45 minuten koken, terwijl u regelmatig roert om ervoor te zorgen dat de risotto niet aan de bodem van de pan blijft hangen. Als de gerst klaar is, moet hij zacht zijn en het grootste deel van de vloeistof geabsorbeerd zijn.

c) Rooster ondertussen het karwijzaad een paar minuten in een droge pan. Plet ze vervolgens lichtjes, zodat er enkele hele zaden overblijven. Voeg ze toe aan de feta met de resterende 4 eetlepels / 60 ml olijfolie en meng voorzichtig om te combineren.

d) Zodra de risotto klaar is, controleer je of je hem op smaak hebt gebracht en verdeel je hem over vier ondiepe kommen. Bestrijk elk gerecht met de gemarineerde feta, inclusief de olie, en een beetje oreganoblaadjes.

72. Conchiglie met Yoghurt, Erwten & Chili

Maakt: 6

INGREDIËNTEN
- 2½ kopjes / 500 g Griekse yoghurt
- ⅔ kopje / 150 ml olijfolie
- 4 teentjes knoflook, geperst
- 1 lb / 500 g verse of ontdooide diepvrieserwten
- 500 g conchigliepasta
- ½ kopje / 60 g pijnboompitten
- 2 theelepel Turkse of Syrische chilivlokken (of minder, afhankelijk van hoe pittig ze zijn)
- 1⅔ kopjes / 40 g basilicumblaadjes, grof gescheurd
- 240 g fetakaas, in stukjes gebroken
- zout en versgemalen witte peper

INSTRUCTIES
a) Doe de yoghurt, 6 eetlepels / 90 ml olijfolie, de knoflook en ⅔ kopje / 100 g erwten in een keukenmachine. Meng tot een uniforme lichtgroene saus en doe het in een grote mengkom.
b) Kook de pasta in ruim gezouten kokend water tot hij beetgaar is. Terwijl de pasta kookt, verwarm je de resterende olijfolie in een kleine koekenpan op middelhoog vuur. Voeg de pijnboompitten en chilivlokken toe en bak 4 minuten, tot de noten goudbruin zijn en de olie dieprood is. Verwarm ook de overige erwten in wat kokend water en laat ze uitlekken.
c) Giet de gekookte pasta af in een vergiet, schud goed om het water kwijt te raken en voeg de pasta geleidelijk aan de yoghurtsaus toe; Als je alles in één keer toevoegt, kan de yoghurt gaan splijten. Voeg de warme erwten, basilicum, feta, 1 theelepel zout en ½ theelepel witte peper toe. Meng voorzichtig, doe het in individuele kommen en schep de pijnboompitten en hun olie erover.

73. Maqluba

Merken: 4 TOT 6

INGREDIËNTEN
- 2 middelgrote aubergines (1½ lb / 650 g in totaal), gesneden in plakjes van ¼ inch / 0,5 cm
- 1⅔ kopjes / 320 g basmatirijst
- 6 tot 8 kippendijen zonder bot, met vel erop, ongeveer 800 g in totaal
- 1 grote ui, in de lengte in vieren gesneden
- 10 zwarte peperkorrels
- 2 laurierblaadjes
- 4 kopjes / 900 ml water
- zonnebloemolie, om te frituren
- 1 middelgrote bloemkool (500 g), verdeeld in grote roosjes
- gesmolten boter, voor het invetten van de pan
- 3 tot 4 middelrijpe tomaten (12 oz / 350 g in totaal), gesneden in plakjes van ¼ inch / 0,5 cm dik
- 4 grote teentjes knoflook, gehalveerd
- 1 theelepel gemalen kurkuma
- 1 theelepel gemalen kaneel
- 1 theelepel gemalen piment
- ¼ theelepel versgemalen zwarte peper
- 1 theelepel baharat kruidenmix (gekocht in de winkel of zie recept)
- 3½ el / 30 g pijnboompitten, goudbruin gebakken in 1 el / 15 g ghee of ongezouten boter
- Yoghurt met komkommer , om te serveren
- zout

INSTRUCTIES

a) Leg de plakjes aubergine op keukenpapier, bestrooi ze aan beide kanten met zout en laat ze 20 minuten staan, zodat een deel van het water kan verdwijnen.

b) Was de rijst en laat hem minimaal 30 minuten in ruim koud water en 1 theelepel zout weken.

c) Verhit intussen een grote pan op middelhoog vuur en schroei de kip gedurende 3 tot 4 minuten aan elke kant, tot ze goudbruin zijn (de kippenhuid moet voldoende olie produceren om te koken; voeg indien nodig een beetje zonnebloemolie toe). Voeg de ui, peperkorrels, laurierblaadjes en water toe. Breng aan de kook, dek af en kook op laag vuur gedurende 20 minuten. Haal de kip uit de pan en zet hem opzij. Zeef de bouillon en bewaar deze voor later, terwijl u het vet afschept.

d) Terwijl de kip aan het koken is, verwarm je een steelpan of braadpan, bij voorkeur met anti-aanbaklaag en ongeveer 24 cm in diameter en 5 inch / 12 cm diep, op middelhoog vuur. Voeg voldoende zonnebloemolie toe tot ongeveer 2 cm langs de zijkanten van de pan. Als je kleine belletjes ziet verschijnen, doe dan voorzichtig (het kan spugen!) een paar bloemkoolroosjes in de olie en bak ze goudbruin, in maximaal 3 minuten. Gebruik een schuimspaan om de eerste batch op keukenpapier over te brengen en bestrooi met zout. Herhaal met de resterende bloemkool.

e) Dep de plakjes aubergine droog met keukenpapier en bak ze op dezelfde manier in batches.

f) Haal de olie uit de pan en veeg de pan schoon. Als het geen pan met anti-aanbaklaag is, bedek de bodem dan met een cirkel bakpapier die op de exacte maat is gesneden en bestrijk de zijkanten met wat gesmolten boter. Nu ben je klaar om de maqluba in laagjes te leggen.

g) Begin met het in één laag leggen van de plakjes tomaat, overlappend, gevolgd door de plakjes aubergine. Schik vervolgens de stukjes bloemkool en de kippendijen. Giet de rijst goed af en verdeel deze over de laatste laag en strooi de stukjes knoflook erover. Meet 700 ml van de gereserveerde kippenbouillon af en meng alle kruiden erdoor, plus 1 theelepel zout. Giet dit over de rijst en druk het voorzichtig met je handen aan, zorg ervoor dat alle rijst bedekt is met bouillon. Voeg indien nodig een beetje extra bouillon of water toe.

h) Zet de pan op middelhoog vuur en breng aan de kook; de bouillon hoeft niet krachtig te koken, maar je moet er wel voor zorgen dat hij goed kookt voordat je de pan afdekt met een deksel, het vuur laag zet en 30 minuten op laag vuur laat koken. Laat je niet verleiden om de pan bloot te leggen; je moet de rijst goed laten stomen. Haal de pan van het vuur, neem de deksel eraf, leg snel een schone theedoek over de pan en sluit hem weer af met de deksel. Laat 10 minuten rusten.

i) Als u klaar bent, verwijdert u het deksel, keert u een grote ronde serveerschaal of schaal om over de open pan en keert u de pan en het bord voorzichtig maar snel om, waarbij u beide zijden stevig vasthoudt. Laat de pan 2 tot 3 minuten op het bord staan en til hem dan langzaam en voorzichtig op. Garneer met de pijnboompitten en serveer met de Yoghurt met Komkommer.

74. Couscous met tomaat en ui

Maakt: 4

INGREDIËNTEN
- 3 eetlepels olijfolie
- 1 middelgrote ui, fijngehakt (1 kop / 160 g in totaal)
- 1 eetl tomatenpuree
- ½ theelepel suiker
- 2 zeer rijpe tomaten, in dobbelsteentjes van ¼ inch / 0,5 cm gesneden (1¾ kopjes / 320 g in totaal)
- 1 kop / 150 g couscous
- 1 kopje / 220 ml kokende kippen- of groentebouillon
- 2½ el / 40 g ongezouten boter
- zout en versgemalen zwarte peper

INSTRUCTIES

a) Giet 2 eetlepels olijfolie in een pan met anti-aanbaklaag van ongeveer 22 cm in diameter en plaats op middelhoog vuur. Voeg de ui toe en kook 5 minuten, onder regelmatig roeren, tot hij zacht maar niet gekleurd is. Roer de tomatenpuree en de suiker erdoor en kook 1 minuut. Voeg de tomaten, ½ theelepel zout en wat zwarte peper toe en kook gedurende 3 minuten.

b) Doe ondertussen de couscous in een ondiepe kom, giet de kokende bouillon erover en dek af met plasticfolie. Laat het 10 minuten staan, verwijder dan het deksel en maak de couscous los met een vork. Voeg de tomatensaus toe en roer goed.

c) Veeg de pan schoon en verwarm de boter en de resterende 1 eetlepel olijfolie op middelhoog vuur. Als de boter is gesmolten, schep je de couscous in de pan en klop je hem met de achterkant van de lepel zachtjes aan, zodat alles goed vast zit. Dek de pan af, zet het vuur op de laagste stand en laat de couscous 10 tot 12 minuten stomen, totdat je een lichtbruine kleur rond de randen ziet. Gebruik een spatel of een mes om tussen de rand van de couscous en de zijkant van de pan te kijken: je wilt een echt knapperige rand over de hele bodem en zijkanten.

d) Draai een groot bord om op de pan en draai de pan en het bord snel om, zodat de couscous op het bord valt. Serveer warm of op kamertemperatuur.

SALADES

75. Babyspinaziesalade met dadels en amandelen

Maakt: 4

INGREDIËNTEN
- 1 eetl witte wijnazijn
- ½ middelgrote rode ui, in dunne plakjes gesneden
- 100 g ontpitte Medjool-dadels, in de lengte in vieren gedeeld
- 2 eetlepels / 30 g ongezouten boter
- 2 eetlepels olijfolie
- 2 kleine pitabroodjes, ongeveer 3½ oz / 100 g, grof gescheurd in stukjes van 1½ inch / 4 cm
- ½ kopje / 75 g hele ongezouten amandelen, grof gehakt
- 2 theelepel sumak
- ½ theelepel chilivlokken
- 5 oz / 150 g babyspinazieblaadjes
- 2 el vers geperst citroensap
- zout

INSTRUCTIES

a) Doe de azijn, ui en dadels in een kleine kom. Voeg een snufje zout toe en meng goed met je handen. Laat 20 minuten marineren, giet de resterende azijn af en gooi deze weg.

b) Verhit ondertussen de boter en de helft van de olijfolie in een middelgrote koekenpan op middelhoog vuur. Voeg de pita en amandelen toe en kook 4 tot 6 minuten, onder voortdurend roeren, tot de pita knapperig en goudbruin is. Haal van het vuur en meng de sumak, chilivlokken en ¼ theelepel zout erdoor. Zet opzij om af te koelen.

c) Als je klaar bent om te serveren, doe je de spinazieblaadjes met de pitamix in een grote mengkom. Voeg de dadels en de rode ui, de resterende olijfolie, het citroensap en nog een snufje zout toe. Proef of het op smaak is en serveer onmiddellijk.

76. Rauwe artisjok-kruidensalade

Maakt: 2

INGREDIËNTEN
- 2 of 3 grote artisjokken (700 g in totaal)
- 3 eetlepels vers geperst citroensap
- 4 eetlepels olijfolie
- 2 kopjes / 40 g rucola
- ½ kopje / 15 g gescheurde muntblaadjes
- ½ kopje / 15 g gescheurde korianderblaadjes
- 1 oz / 30 g pecorino toscano of romano kaas, dun geschoren
- Maldon zeezout en versgemalen zwarte peper

INSTRUCTIES

a) Zet een kom water klaar, gemengd met de helft van het citroensap. Verwijder van 1 artisjok de steel en trek de harde buitenste bladeren eraf. Zodra je de zachtere, bleke bladeren hebt bereikt, gebruik je een groot, scherp mes om de bloem door te snijden, zodat je het onderste kwart overhoudt. Gebruik een klein, scherp mes of een dunschiller om de buitenste lagen van de artisjok te verwijderen totdat de basis of onderkant zichtbaar is. Schraap de harige "choke" eruit en doe de basis in het aangezuurde water. Gooi de rest weg en herhaal met de andere artisjok(en).

b) Laat de artisjokken uitlekken en dep ze droog met keukenpapier. Snijd de artisjokken met een mandoline of een groot, scherp mes in flinterdunne plakjes en doe ze in een grote mengkom. Knijp het resterende citroensap uit, voeg de olijfolie toe en roer goed door. Je kunt de artisjok eventueel een paar uur op kamertemperatuur laten staan. Voeg als je klaar bent om te serveren de rucola, munt en koriander toe aan de artisjok en breng op smaak met royaal ¼ theelepel zout en veel versgemalen zwarte peper.

c) Meng voorzichtig en schik op serveerschalen. Garneer met het pecorinoschaafsel.

77. Peterselie & Gerst Salade

Maakt: 4

INGREDIËNTEN
- ¼ kopje / 40 g parelgort
- 5 oz / 150 g fetakaas
- 5½ el olijfolie
- 1 theelepel za'atar
- ½ theelepel korianderzaad, licht geroosterd en geplet
- ¼ theelepel gemalen komijn
- 80 g platte peterselie, bladeren en fijne stengels
- 4 groene uien, fijngehakt (⅓ kopje / 40 g in totaal)
- 2 teentjes knoflook, geperst
- ⅓ kopje / 40 g cashewnoten, licht geroosterd en grof gemalen
- 1 groene paprika, zonder zaadjes en in dobbelsteentjes van ⅜ inch / 1 cm gesneden
- ½ theelepel gemalen piment
- 2 el vers geperst citroensap
- zout en versgemalen zwarte peper

INSTRUCTIES

a) Doe de Alkmaarse gort in een kleine pan, bedek hem met ruim water en kook gedurende 30 tot 35 minuten, tot hij gaar maar nog wel een hapje heeft. Giet het mengsel in een fijne zeef, schud om al het water te verwijderen en doe het in een grote kom.

b) Breek de feta in grove stukken, ongeveer 2 cm groot, en meng in een kleine kom met 1½ eetlepel olijfolie, de za'atar, het korianderzaad en de komijn. Meng alles voorzichtig door elkaar en laat marineren terwijl je de rest van de salade klaarmaakt.

c) Hak de peterselie fijn en doe ze in een kom met de groene uien, knoflook, cashewnoten, peper, piment, citroensap, de resterende olijfolie en de gekookte gerst. Meng goed door elkaar en breng op smaak. Verdeel de salade over vier borden en garneer met de gemarineerde feta.

78. Gemengde bonensalade

Maakt: 4

INGREDIËNTEN
- 280 g gele bonen, schoongemaakt (indien niet beschikbaar, dubbele hoeveelheid sperziebonen)
- 280 g sperziebonen, schoongemaakt
- 2 rode paprika's, in reepjes van 0,5 cm gesneden
- 3 eetlepels olijfolie, plus 1 theelepel voor de paprika's
- 3 teentjes knoflook, in dunne plakjes gesneden
- 6 el / 50 g kappertjes, afgespoeld en drooggedept
- 1 theelepel komijnzaad
- 2 theelepel korianderzaad
- 4 groene uien, in dunne plakjes gesneden
- ⅓ kopje / 10 g dragon, grof gesneden
- ⅔ kopje / 20 g geplukte kervelblaadjes (of een mengsel van geplukte dille en geraspte peterselie)
- geraspte schil van 1 citroen
- zout en versgemalen zwarte peper

INSTRUCTIES

a) Verwarm de oven voor op 220°C.

b) Breng een grote pan met ruim water aan de kook en voeg de gele bonen toe. Voeg na 1 minuut de sperziebonen toe en kook nog eens 4 minuten, of tot de bonen gaar maar nog knapperig zijn. Verfris onder ijskoud water, laat uitlekken, dep ze droog en doe ze in een grote mengkom.

c) Meng ondertussen de paprika's met 1 theelepel olie, spreid ze uit op een bakplaat en plaats ze 5 minuten in de oven, of tot ze gaar zijn. Haal het uit de oven en doe het in de kom met de gekookte bonen.

d) Verhit de 3 eetlepels olijfolie in een kleine pan. Voeg de knoflook toe en kook gedurende 20 seconden; Voeg de kappertjes toe (pas op, ze spugen!) en bak nog eens 15 seconden. Voeg het komijn- en korianderzaad toe en bak nog eens 15 seconden. De knoflook zou nu goudbruin moeten zijn. Haal van het vuur en giet de inhoud van de pan onmiddellijk over de bonen. Meng en voeg de groene uien, kruiden, citroenschil, een royale ¼ theelepel zout en zwarte peper toe.

e) Serveer of bewaar het maximaal een dag in de koelkast. Vergeet niet om het weer op kamertemperatuur te brengen voordat u het serveert.

79. Koolrabi Salade

Maakt: 4

INGREDIËNTEN
- 3 middelgrote koolraapjes (1⅔ lb / 750 g in totaal)
- ⅓ kopje / 80 g Griekse yoghurt
- 5 eetlepels / 70 g zure room
- 3 eetlepels mascarponekaas
- 1 klein teentje knoflook, geperst
- 1½ theelepel vers geperst citroensap
- 1 eetlepel olijfolie
- 2 el fijn gesnipperde verse munt
- 1 theelepel gedroogde munt
- ongeveer 12 takjes / 20 g babywaterkers
- ¼ theelepel sumak
- zout en witte peper

INSTRUCTIES
a) Schil de koolrabi's, snijd ze in dobbelsteentjes van ⅔ inch / 1,5 cm en doe ze in een grote mengkom. Zet opzij en maak de dressing.

b) Doe de yoghurt, zure room, mascarpone, knoflook, citroensap en olijfolie in een middelgrote kom. Voeg ¼ theelepel zout en een gezonde hoeveelheid peper toe en klop tot een gladde massa. Voeg de dressing toe aan de koolrabi, gevolgd door de verse en gedroogde munt en de helft van de waterkers.

c) Roer voorzichtig en plaats het op een serveerschaal. Verdeel de resterende waterkers erover en bestrooi met de sumak.

80. Pittige wortelsalade

Maakt: 4

INGREDIËNTEN
- 6 grote wortels, geschild (ongeveer 700 g in totaal)
- 3 eetlepels zonnebloemolie
- 1 grote ui, fijngehakt (2 kopjes / 300 g in totaal)
- 1 el Pilpelchuma of 2 el harissa (gekocht in de winkel of zie recept)
- ½ theelepel gemalen komijn
- ½ theelepel karwijzaad, vers gemalen
- ½ theelepel suiker
- 3 eetlepels ciderazijn
- 1½ kopjes / 30 g rucolablaadjes
- zout

INSTRUCTIES

a) Doe de wortels in een grote pan, bedek ze met water en breng aan de kook. Zet het vuur lager, dek af en kook ongeveer 20 minuten, tot de wortels net gaar zijn. Giet af en snijd, zodra het voldoende is afgekoeld om te hanteren, in plakjes van ¼ inch / 0,5 cm.

b) Terwijl de wortels koken, verwarm de helft van de olie in een grote koekenpan. Voeg de ui toe en kook op middelhoog vuur gedurende 10 minuten, tot hij goudbruin is.

c) Doe de gebakken ui in een grote mengkom en voeg de pilpelchuma, komijn, karwij, ¾ theelepel zout, suiker, azijn en de resterende olie toe. Voeg de wortels toe en roer goed. Laat het minstens 30 minuten staan, zodat de smaken kunnen rijpen.

d) Schik de salade op een grote schaal en bestrooi met de rucola.

81. Fricassee-salade

Maakt: 4

INGREDIËNTEN
- 4 takjes rozemarijn
- 4 laurierblaadjes
- 3 eetlepels zwarte peperkorrels
- ongeveer 1⅔ kopjes / 400 ml extra vierge olijfolie
- 300 g tonijnsteak, in één of twee stukken
- 600 g Yukon Gold-aardappelen, geschild en in stukjes van 2 cm gesneden
- ½ theelepel gemalen kurkuma
- 5 ansjovisfilets, grof gesneden
- 3 eetlepels harissapasta (gekocht in de winkel of zie recept)
- 4 eetlepels kappertjes
- 2 theelepels fijngehakte gekonfijte citroenschil, (gekocht in de winkel of zie recept)
- ½ kopje / 60 g zwarte olijven, ontpit en gehalveerd
- 2 el vers geperst citroensap
- 5 oz / 140 g geconserveerde piquillo-paprika's (ongeveer 5 paprika's), in grove reepjes gescheurd
- 4 grote eieren, hardgekookt, gepeld en in vieren gesneden
- 2 baby gem-sla (ongeveer 140 g in totaal), de bladeren gescheiden en gescheurd
- ⅔ oz / 20 g platte peterselie, bladeren geplukt en gescheurd
- zout

INSTRUCTIES

a) Om de tonijn te bereiden, doe je de rozemarijn, de laurierblaadjes en de peperkorrels in een kleine pan en voeg je de olijfolie toe. Verhit de olie tot net onder het kookpunt, wanneer kleine belletjes naar boven komen. Voeg voorzichtig de tonijn toe (de tonijn moet volledig bedekt zijn; als dit niet het geval is, verwarm dan meer olie en voeg deze toe aan de pan).

Haal van het vuur en laat een paar uur onafgedekt opzij staan, dek de pan af en zet hem minimaal 24 uur in de koelkast.

b) Kook de aardappelen met de kurkuma in ruim gezouten kokend water gedurende 10 tot 12 minuten, tot ze gaar zijn. Laat het mengsel voorzichtig uitlekken, zorg ervoor dat er geen kurkumawater gemorst wordt (de vlekken zijn lastig te verwijderen!) en doe het in een grote mengkom. Terwijl de aardappelen nog heet zijn, voeg je de ansjovis, harissa, kappertjes, gekonfijte citroen, olijven, 6 el / 90 ml tonijnconserveerolie en een deel van de peperkorrels uit de olie toe. Meng voorzichtig en laat afkoelen.

c) Haal de tonijn uit de resterende olie, breek hem in hapklare stukjes en voeg toe aan de salade. Voeg het citroensap, de paprika, de eieren, de sla en de peterselie toe. Meng voorzichtig, proef, voeg zout toe als dat nodig is en eventueel meer olie, en serveer.

82. Salade van gekruide kikkererwten en groenten

Maakt: 4

INGREDIËNTEN

- ½ kopje / 100 g gedroogde kikkererwten
- 1 theelepel zuiveringszout
- 2 kleine komkommers (10 oz / 280 g in totaal)
- 2 grote tomaten (10½ oz / 300 g in totaal)
- 240 g radijsjes
- 1 rode paprika, zonder zaadjes en zonder ribben
- 1 kleine rode ui, gepeld
- ⅔ oz / 20 g korianderblaadjes en stengels, grof gehakt
- ½ oz / 15 g platte peterselie, grof gehakt
- 6 el / 90 ml olijfolie
- geraspte schil van 1 citroen, plus 2 eetlepels sap
- 1½ el sherryazijn
- 1 teentje knoflook, geperst
- 1 theelepel superfijne suiker
- 1 theelepel gemalen kardemom
- 1½ theelepel gemalen piment
- 1 theelepel gemalen komijn
- Griekse yoghurt (optioneel)
- zout en versgemalen zwarte peper

INSTRUCTIES

a) Week de gedroogde kikkererwten een nacht in een grote kom met ruim koud water en de baking soda. Giet de volgende dag af, doe ze in een grote pan en bedek ze met water, tweemaal zo groot als de hoeveelheid kikkererwten. Breng aan de kook en laat het geheel ongeveer een uur sudderen, waarbij eventueel schuim wordt afgeroomd, tot het volledig gaar is. Giet het daarna af.

b) Snijd de komkommer, tomaat, radijs en paprika in dobbelsteentjes van ⅔ inch / 1,5 cm; Snijd de ui in blokjes van ¼ inch / 0,5 cm. Meng alles samen met de koriander en peterselie in een kom.

c) Meng in een pot of afsluitbare container 5 el/75 ml olijfolie, het citroensap en de citroenschil, azijn, knoflook en suiker en meng goed tot een dressing, en breng op smaak met zout en peper. Giet de dressing over de salade en roer lichtjes door.

d) Meng de kardemom, piment, komijn en ¼ theelepel zout en verdeel het over een bord. Gooi de gekookte kikkererwten in een paar porties door het kruidenmengsel, zodat ze goed bedekt zijn. Verhit de resterende olijfolie in een koekenpan op middelhoog vuur en bak de kikkererwten gedurende 2 tot 3 minuten lichtjes. Schud de pan zachtjes zodat ze gelijkmatig koken en niet blijven plakken. Blijf warm.

e) Verdeel de salade over vier borden, plaats deze in een grote cirkel en schep de warme gekruide kikkererwten erop, zodat de rand van de salade vrij blijft. Je kunt er wat Griekse yoghurt overheen sprenkelen om de salade romig te maken.

83. Grove courgette-tomatensalade

Maakt: 6

INGREDIËNTEN
- 8 lichtgroene courgettes of gewone courgettes (ongeveer 1 kg in totaal)
- 5 grote, zeer rijpe tomaten (in totaal 800 g)
- 3 el olijfolie, plus extra om af te maken
- 2½ kopjes / 300 g Griekse yoghurt
- 2 teentjes knoflook, geperst
- 2 rode chilipepers, zonder zaadjes en fijngehakt
- geraspte schil van 1 middelgrote citroen en 2 eetlepels vers geperst citroensap
- 1 el dadelsiroop, plus extra om af te maken
- 2 kopjes / 200 g walnoten, grof gehakt
- 2 eetl gehakte munt
- ⅔ oz / 20 g platte peterselie, gehakt
- zout en versgemalen zwarte peper

INSTRUCTIES

a) Verwarm de oven voor op 220°C. Zet een geribbelde grillpan op hoog vuur.

b) Maak de courgette schoon en snijd ze in de lengte doormidden. Halveer ook de tomaten. Bestrijk de courgette en tomaten aan de snijkant met olijfolie en breng op smaak met peper en zout.

c) De grillpan zou nu gloeiend heet moeten zijn. Begin met de courgette. Leg er een paar in de pan, met de snijzijde naar beneden, en kook gedurende 5 minuten; de courgette moet aan één kant mooi verkoold zijn. Verwijder nu de courgette en herhaal hetzelfde proces met de tomaten. Doe de groenten in een braadslede en zet ze ongeveer 20 minuten in de oven, tot de courgettes heel zacht zijn.

d) Haal de pan uit de oven en laat de groenten iets afkoelen. Snijd ze grof en laat ze 15 minuten in een vergiet uitlekken.

e) Meng de yoghurt, knoflook, chili, citroenschil en -sap en melasse in een grote mengkom. Voeg de gehakte groenten, walnoten, munt en het grootste deel van de peterselie toe en roer goed. Breng op smaak met ¾ theelepel zout en wat peper.

f) Breng de salade over naar een grote, ondiepe serveerschaal en verdeel deze. Garneer met de overgebleven peterselie. Sprenkel er ten slotte wat dadelsiroop en olijfolie over.

84. Pittige salade van bieten, prei en walnoten

INGREDIËNTEN

- 4 middelgrote bieten (⅓ lb / 600 g in totaal na koken en schillen)
- 4 middelgrote preien, gesneden in segmenten van 4 inch / 10 cm (4 kopjes / 360 g in totaal)
- ½ oz / 15 g koriander, grof gehakt
- 1¼ kopjes / 25 g rucola
- ⅓ kopje / 50 g granaatappelpitjes (optioneel)
- DRESSING
- 1 kop / 100 g walnoten, grof gehakt
- 4 teentjes knoflook, fijngehakt
- ½ theelepel chilivlokken
- ¼ kopje / 60 ml ciderazijn
- 2 eetlepels tamarindewater
- ½ theelepel walnootolie
- 2½ eetlepel arachideolie
- 1 theelepel zout

INSTRUCTIES

a) Verwarm de oven voor op 220°C.

b) Wikkel de bieten afzonderlijk in aluminiumfolie en rooster ze afhankelijk van hun grootte 1 tot 1½ uur in de oven. Eenmaal gaar, zou je er gemakkelijk een klein mes doorheen moeten kunnen steken. Haal uit de oven en zet opzij om af te koelen.

c) Zodra de bieten voldoende zijn afgekoeld om te hanteren, schilt u ze, halveert u ze en snijdt u elke helft in partjes van 1 cm dik aan de onderkant. Doe in een middelgrote kom en zet opzij.

d) Doe de prei in een middelgrote pan met gezouten water, breng aan de kook en laat 10 minuten koken tot hij net gaar is; Het is belangrijk om ze zachtjes te laten sudderen en ze niet te gaar te maken, zodat ze niet uit elkaar vallen. Giet af en laat afkoelen onder koud water. Gebruik vervolgens een zeer scherp gekarteld mes om elk segment in 3 kleinere stukjes te snijden en dep ze droog. Doe het mengsel in een kom, scheid het van de bieten en zet opzij.

e) Terwijl de groenten koken, meng je alle ingrediënten voor de dressing en laat je het minstens 10 minuten aan de kant staan, zodat alle smaken goed tot hun recht komen.

f) Verdeel de walnotendressing en de koriander gelijkmatig over de bieten en de prei en roer voorzichtig. Proef beide en voeg indien nodig meer zout toe.

g) Om de salade samen te stellen, verdeelt u het grootste deel van de bieten op een serveerschaal, belegt u met wat rucola, dan het grootste deel van de prei, dan de resterende bieten en maakt u af met nog meer prei en rucola. Strooi eventueel de granaatappelpitjes erover en serveer.

85. Salade van geroosterde bloemkool en hazelnoot

Maakt: 2 TOT 4

INGREDIËNTEN
- 1 kop bloemkool, in kleine roosjes verdeeld (1½ lb / 660 g in totaal)
- 5 eetlepels olijfolie
- 1 grote stengel bleekselderij, schuin gesneden in plakjes van ¼ inch / 0,5 cm (⅔ kopje / 70 g in totaal)
- 5 eetlepels / 30 g hazelnoten, met schil
- ⅓ kopje / 10 g kleine bladpeterselieblaadjes, geplukt
- ⅓ kopje / 50 g granaatappelpitjes (van ongeveer ½ middelgrote granaatappel)
- royale ¼ theelepel gemalen kaneel
- royale ¼ theelepel gemalen piment
- 1 eetl sherryazijn
- 1½ theelepel ahornsiroop
- zout en versgemalen zwarte peper

INSTRUCTIES

a) Verwarm de oven voor op 220°C.

b) Meng de bloemkool met 3 eetlepels olijfolie, ½ theelepel zout en wat zwarte peper. Verdeel het mengsel in een braadpan en rooster het op het bovenste ovenrooster gedurende 25 tot 35 minuten, tot de bloemkool knapperig is en delen ervan goudbruin zijn geworden. Doe over in een grote mengkom en zet opzij om af te koelen.

c) Verlaag de oventemperatuur naar 325°F / 170°C. Verdeel de hazelnoten over een met bakpapier beklede bakplaat en rooster ze 17 minuten.

d) Laat de noten een beetje afkoelen, hak ze grof en voeg ze samen met de resterende olie en de rest van de ingrediënten toe aan de bloemkool. Roer, proef en breng op smaak met zout en peper. Serveer op kamertemperatuur.

SOEPEN

86. Waterkers-kikkererwtensoep met rozenwater

Maakt: 4

INGREDIËNTEN
- 2 middelgrote wortels (9 oz / 250 g in totaal), gesneden in blokjes van ¾ inch / 2 cm
- 3 eetlepels olijfolie
- 2½ tl ras el hanout
- ½ theelepel gemalen kaneel
- 1½ kopjes / 240 g gekookte kikkererwten, vers of uit blik
- 1 middelgrote ui, in dunne plakjes gesneden
- 2½ el / 15 g geschilde en fijngehakte verse gember
- 2½ kopjes / 600 ml groentebouillon
- 200 g waterkers
- 3½ oz / 100 g spinazieblaadjes
- 2 theelepels superfijne suiker
- 1 theelepel rozenwater
- zout
- Griekse yoghurt, om te serveren (optioneel)
- Verwarm de oven voor op 220°C.

INSTRUCTIES

a) Meng de wortels met 1 eetlepel olijfolie, de ras el hanout, kaneel en een flinke snuf zout en verdeel ze plat in een met bakpapier beklede braadpan. Zet 15 minuten in de oven, voeg dan de helft van de kikkererwten toe, roer goed en kook nog eens 10 minuten, tot de wortel zacht wordt maar nog wel een hapje heeft.

b) Doe ondertussen de ui en gember in een grote pan. Fruit de ui met de overgebleven olijfolie ongeveer 10 minuten op middelhoog vuur, tot de ui helemaal zacht en goudbruin is. Voeg de resterende kikkererwten, bouillon, waterkers, spinazie, suiker en ¾ theelepel zout toe, roer goed en breng aan de kook. Kook een minuut of twee, totdat de bladeren verwelken.

c) Gebruik een keukenmachine of blender en maal de soep tot een gladde massa. Voeg het rozenwater toe, roer, proef en voeg eventueel meer zout of rozenwater toe. Zet opzij totdat de wortel en kikkererwten klaar zijn en verwarm vervolgens opnieuw om te serveren.

d) Verdeel de soep over vier kommen en garneer met de hete wortel en kikkererwten en eventueel ongeveer 2 theelepels yoghurt per portie.

87. Warme yoghurt-gerstsoep

Maakt: 4

INGREDIËNTEN
- 6¾ kopjes / 1,6 liter water
- 1 kopje / 200 g parelgort
- 2 middelgrote uien, fijngehakt
- 1½ theelepel gedroogde munt
- 4 eetlepels / 60 g ongezouten boter
- 2 grote eieren, losgeklopt
- 2 kopjes / 400 g Griekse yoghurt
- ⅔ oz / 20 g verse munt, gehakt
- ⅓ oz / 10 g platte peterselie, gehakt
- 3 groene uien, in dunne plakjes gesneden
- zout en versgemalen zwarte peper

INSTRUCTIES

a) Breng het water met de gerst in een grote pan aan de kook, voeg 1 theelepel zout toe en laat sudderen tot de gerst gaar maar nog steeds beetgaar is, 15 tot 20 minuten. Haal van het vuur. Eenmaal gekookt heb je 1,1 liter kookvocht nodig voor de soep; vul water bij als je door verdamping minder overhoudt.

b) Terwijl de gerst kookt, bak je de ui en de gedroogde munt op middelhoog vuur in de boter tot ze zacht zijn, ongeveer 15 minuten. Voeg dit toe aan de gekookte gerst.

c) Klop de eieren en yoghurt samen in een grote hittebestendige mengkom. Voeg langzaam wat gerst en water toe, pollepel voor lepel, tot de yoghurt is opgewarmd. Hierdoor worden de yoghurt en de eieren getempereerd en voorkomen ze dat ze splijten wanneer ze aan de hete vloeistof worden toegevoegd. Voeg de yoghurt toe aan de soeppan en zet het geheel onder voortdurend roeren op middelhoog vuur tot de soep heel licht kookt. Haal van het vuur, voeg de gehakte kruiden en groene uien toe en controleer de smaak. Heet opdienen.

88. Cannellinibonen-lamssoep

Maakt: 4

INGREDIËNTEN

- 1 eetl zonnebloemolie
- 1 kleine ui (5 oz / 150 g in totaal), fijngehakt
- ¼ kleine knolselderijwortel, geschild en in blokjes van ¼ inch / 0,5 cm gesneden (6 oz / 170 g in totaal)
- 20 grote teentjes knoflook, gepeld maar heel
- 1 theelepel gemalen komijn
- 500 g lamsstoofvlees (of rundvlees als je dat liever hebt), in blokjes van 2 cm gesneden
- 7 kopjes / 1,75 liter water
- ½ kopje / 100 g gedroogde cannellini- of pintobonen, een nacht geweekt in ruim koud water en daarna uitgelekt
- 7 kardemompeulen, licht geplet
- ½ theelepel gemalen kurkuma
- 2 eetlepels tomatenpuree
- 1 theelepel superfijne suiker
- 250 g Yukon Gold of een andere aardappel met geel vruchtvlees, geschild en in blokjes van 2 cm gesneden
- zout en versgemalen zwarte peper
- brood, om te serveren
- vers geperst citroensap, om te serveren
- gehakte koriander of Zhoug

INSTRUCTIES

a) Verhit de olie in een grote koekenpan en bak de ui en de knolselderij op middelhoog vuur gedurende 5 minuten, of tot de ui bruin begint te worden. Voeg de teentjes knoflook en komijn toe en bak nog 2 minuten. Haal van het vuur en zet opzij.

b) Doe het vlees en het water in een grote pan of in een Nederlandse oven op middelhoog vuur, breng aan de kook, zet het vuur laag en laat het 10 minuten sudderen, waarbij u regelmatig het oppervlak afschept tot u een heldere bouillon krijgt. Voeg het ui- en knolselderiewortelmengsel, de uitgelekte bonen, kardemom, kurkuma, tomatenpuree en suiker toe. Breng aan de kook, dek af en laat 1 uur zachtjes koken, of tot het vlees gaar is.

c) Voeg de aardappelen toe aan de soep en breng op smaak met 1 theelepel zout en ½ theelepel zwarte peper. Breng het opnieuw aan de kook, zet het vuur laag en laat het nog eens 20 minuten zonder deksel sudderen, of tot de aardappelen en bonen gaar zijn. De soep moet dik zijn. Laat het indien nodig nog wat langer wegborrelen om in te krimpen, of voeg wat water toe. Proef en voeg naar eigen smaak nog meer kruiden toe. Serveer de soep met brood en wat citroensap en vers gehakte koriander, of zhoug.

89. Zeevruchten & Venkelsoep

Maakt: 4

INGREDIËNTEN
- 2 eetlepels olijfolie
- 4 teentjes knoflook, in dunne plakjes gesneden
- 2 venkelknollen (300 g/10½ oz in totaal), afgesneden en in dunne partjes gesneden
- 1 grote vastkokende aardappel (7 oz / 200 g in totaal), geschild en in blokjes van ⅔ inch / 1,5 cm gesneden
- 3 kopjes / 700 ml visbouillon (of kippen- of groentebouillon, indien gewenst)
- ½ middelgrote geconserveerde citroen (½ oz / 15 g in totaal), gekocht in de winkel of zie recept
- 1 rode chili, in plakjes gesneden (optioneel)
- 6 tomaten (14 oz / 400 g in totaal), geschild en in vieren gesneden
- 1 eetl zoete paprika
- flinke snuf saffraan
- 4 el fijngehakte platte peterselie
- 4 zeebaarsfilets (ongeveer 300 g / 10½ oz in totaal), met vel, gehalveerd
- 14 mosselen (ongeveer 220 g in totaal)
- 15 mosselen (ongeveer 4½ oz / 140 g in totaal)
- 10 tijgergarnalen (ongeveer 220 g in totaal), in de schaal of gepeld en ontdaan van darmen
- 3 eetlepels arak, ouzo of Pernod
- 2 theelepels gehakte dragon (optioneel)
- zout en versgemalen zwarte peper

INSTRUCTIES

a) Doe de olijfolie en de knoflook in een brede koekenpan met lage rand en kook op middelhoog vuur gedurende 2 minuten zonder de knoflook te kleuren. Roer de venkel en de aardappel erdoor en kook nog 3 tot 4 minuten. Voeg de bouillon en de ingemaakte citroen toe, breng op smaak met ¼ theelepel zout en wat zwarte peper, breng aan de kook, dek af en kook op laag vuur gedurende 12 tot 14 minuten, tot de aardappelen gaar zijn. Voeg de chili (indien gebruikt), tomaten, kruiden en de helft van de peterselie toe en kook nog 4 tot 5 minuten.

b) Voeg op dit moment nog eens 1¼ kopjes / 300 ml water toe, gewoon zoveel als nodig is om de vis net onder het deksel te kunnen zetten om hem te pocheren, en breng hem weer aan de kook. Voeg de zeebaars en de schaaldieren toe, dek de pan af en laat 3 tot 4 minuten flink koken, totdat de schaaldieren opengaan en de garnalen roze kleuren.

c) Haal met een schuimspaan de vis en schaaldieren uit de soep. Als de soep nog steeds een beetje waterig is, laat de soep dan nog een paar minuten koken om in te dikken. Voeg de arak toe en proef naar smaak.

d) Doe ten slotte de schaaldieren en vis terug in de soep om ze opnieuw op te warmen. Serveer meteen, gegarneerd met de rest van de peterselie en eventueel de dragon.

90. Pistache soep

Maakt: 4

INGREDIËNTEN
- 2 eetlepels kokend water
- ¼ theelepel saffraandraadjes
- 1⅔ kopjes / 200 g gepelde ongezouten pistachenoten
- 2 eetlepels / 30 g ongezouten boter
- 4 sjalotten, fijngehakt (3½ oz / 100 g in totaal)
- 1 oz / 25 g gember, geschild en fijngehakt
- 1 prei, fijngehakt (1¼ kopjes / 150 g in totaal)
- 2 theelepel gemalen komijn
- 3 kopjes / 700 ml kippenbouillon
- ⅓ kopje / 80 ml vers geperst sinaasappelsap
- 1 eetl vers geperst citroensap
- zout en versgemalen zwarte peper
- zure room, om te serveren

INSTRUCTIES

a) Verwarm de oven voor op 180°C. Giet het kokende water over de saffraandraadjes in een klein kopje en laat 30 minuten trekken.

b) Om de pistacheschillen te verwijderen, blancheert u de noten 1 minuut in kokend water, laat ze uitlekken en terwijl ze nog heet zijn, verwijdert u de schil door de noten tussen uw vingers te drukken. Niet alle velletjes zullen loslaten zoals bij amandelen (dit is prima omdat het de soep niet aantast), maar het verwijderen van een deel van het velletje zal de kleur verbeteren, waardoor het helderder groen wordt. Verdeel de pistachenoten over een bakplaat en rooster ze 8 minuten in de oven. Verwijder en laat afkoelen.

c) Verhit de boter in een grote pan en voeg de sjalotjes, gember, prei, komijn, ½ theelepel zout en wat zwarte peper toe. Bak op middelhoog vuur gedurende 10 minuten, onder regelmatig roeren, tot de sjalotjes helemaal zacht zijn. Voeg de bouillon en de helft van het saffraanvocht toe. Dek de pan af, zet het vuur lager en laat de soep 20 minuten koken.

d) Doe op 1 eetlepel na alle pistachenoten in een grote kom, samen met de helft van de soep. Gebruik een handblender om het mengsel tot een gladde massa te mixen en doe het dan terug in de pan. Voeg het sinaasappel- en citroensap toe, verwarm opnieuw en proef om de smaak aan te passen.

e) Snijd voor het serveren de achtergehouden pistachenoten grof. Doe de hete soep in kommen en garneer met een lepel zure room. Bestrooi met de pistachenoten en besprenkel met het resterende saffraanvocht.

91. Verbrande Aubergine & Mograbieh Soep

Maakt: 4

INGREDIËNTEN

- 5 kleine aubergines (ongeveer 1,2 kg in totaal)
- zonnebloemolie, om te frituren
- 1 ui, in plakjes gesneden (ongeveer 1 kop / 125 g in totaal)
- 1 el komijnzaad, vers gemalen
- 1½ theelepel tomatenpuree
- 2 grote tomaten (12 oz / 350 g in totaal), ontveld en in blokjes gesneden
- 1½ kopjes / 350 ml kippen- of groentebouillon
- 1⅔ kopjes / 400 ml water
- 4 teentjes knoflook, geperst
- 2½ theelepel suiker
- 2 el vers geperst citroensap
- ⅓ kopje / 100 g mograbieh, of alternatief, zoals maftoul, fregola of gigantische couscous (zie het gedeelte over Couscous)
- 2 eetlepels geraspte basilicum, of 1 eetlepel gehakte dille, optioneel
- zout en versgemalen zwarte peper

INSTRUCTIES

a) Begin met het verbranden van drie aubergines. Volg hiervoor de instructies voor Gebrande aubergine met knoflook-, citroen- en granaatappelpitjes .

b) Snijd de resterende aubergines in dobbelstenen van ⅔ inch / 1,5 cm. Verhit ongeveer ⅔ kopje / 150 ml olie in een grote pan op middelhoog vuur. Als het warm is, voeg je de aubergineblokjes toe. Bak gedurende 10 tot 15 minuten, vaak roerend, tot het geheel gekleurd is; Voeg eventueel nog wat olie toe, zodat er altijd wat olie in de pan zit. Haal de aubergine eruit, doe hem in een vergiet, laat uitlekken en bestrooi met zout.

c) Zorg ervoor dat er nog ongeveer 1 eetlepel olie in de pan zit, voeg dan de ui en de komijn toe en bak ongeveer 7 minuten, terwijl je regelmatig roert. Voeg de tomatenpuree toe en kook nog een minuut voordat je de tomaten, bouillon, water, knoflook, suiker, citroensap , 1½ theelepel zout en wat zwarte peper toevoegt. Laat 15 minuten zachtjes sudderen.

d) Breng ondertussen een kleine pan met gezouten water aan de kook en voeg de mograbieh of een alternatief toe. Kook tot al dente; dit varieert afhankelijk van het merk, maar duurt 15 tot 18 minuten (controleer de verpakking). Giet af en verfris onder koud water.

e) Doe het verbrande auberginevlees bij de soep en maal het met een staafmixer tot een gladde vloeistof. Voeg de mograbieh en de gebakken aubergine toe, bewaar wat voor de garnering op het einde, en laat nog 2 minuten sudderen. Proef en pas de smaak aan. Serveer warm, met de gereserveerde mograbieh en gebakken aubergine er bovenop en gegarneerd met basilicum of dille, als je wilt.

92. Tomaten-zuurdesemsoep

Maakt: 4

INGREDIËNTEN
- 2 el olijfolie, plus extra om af te maken
- 1 grote ui, gehakt (1⅔ kopjes / 250 g in totaal)
- 1 theelepel komijnzaad
- 2 teentjes knoflook, geperst
- 3 kopjes / 750 ml groentebouillon
- 4 grote rijpe tomaten, gehakt (4 kopjes / 650 g in totaal)
- één blikje van 400 g gehakte Italiaanse tomaten
- 1 el superfijne suiker
- 1 sneetje zuurdesembrood (1½ oz / 40 g in totaal)
- 2 eetlepels gehakte koriander, plus extra om af te maken
- zout en versgemalen zwarte peper

INSTRUCTIES

a) Verhit de olie in een middelgrote pan en voeg de ui toe. Bak ongeveer 5 minuten, vaak roerend, tot de ui glazig is. Voeg de komijn en knoflook toe en bak 2 minuten. Giet de bouillon, beide soorten tomaten, de suiker, 1 theelepel zout en een flinke hoeveelheid zwarte peper erbij.

b) Breng de soep zachtjes aan de kook en kook gedurende 20 minuten. Voeg halverwege het koken het in stukjes gescheurde brood toe. Voeg ten slotte de koriander toe en pureer met een blender enkele pulsen, zodat de tomaten uiteenvallen maar nog steeds een beetje grof en brokkelig zijn. De soep moet behoorlijk dik zijn; voeg een beetje water toe als het op dit punt te dik is. Serveer, besprenkeld met olie en bestrooid met verse koriander.

93. Heldere kippensoep met knaidlach

Maakt: 4

INGREDIËNTEN
- 1 scharrelkip, ongeveer 2 kg, verdeeld in vieren, met alle botten, plus ingewanden als je die kunt krijgen en eventuele extra vleugels of botten die je bij de slager kunt krijgen
- 1½ theelepel zonnebloemolie
- 1 kop / 250 ml droge witte wijn
- 2 wortels, geschild en in plakjes van 2 cm gesneden (2 kopjes / 250 g in totaal)
- 4 stengels bleekselderij (ongeveer 300 g / 10½ oz in totaal), gesneden in segmenten van 2½ inch / 6 cm
- 2 middelgrote uien (ongeveer 350 g in totaal), in 8 partjes gesneden
- 1 grote raap (200 g), geschild, bijgesneden en in 8 segmenten gesneden
- 2 oz / 50 g bosje platte peterselie
- 2 oz / 50 g bosje koriander
- 5 takjes tijm
- 1 klein takje rozemarijn
- ¾ oz / 20 g dille, plus extra om te garneren
- 3 laurierblaadjes
- 100 g verse gember, in dunne plakjes gesneden
- 20 zwarte peperkorrels
- 5 pimentbessen
- zout

KNAIDLACH (Merkt: 12 TOT 15)
- 2 extra grote eieren
- 2½ eetlepel / 40 g margarine of kippenvet, gesmolten en een beetje afgekoeld
- 2 el fijngehakte platte peterselie
- ⅔ kopje / 75 g matzo-maaltijd
- 4 eetlepels sodawater
- zout en versgemalen zwarte peper

INSTRUCTIES

a) Om de knaidlach te maken, klop je de eieren in een middelgrote kom tot ze schuimig zijn. Klop de gesmolten margarine erdoor, vervolgens ½ theelepel zout, wat zwarte peper en de peterselie. Roer geleidelijk de matzo-maaltijd erdoor, gevolgd door het sodawater, en roer tot een uniforme pasta. Dek de kom af en laat het beslag afkoelen tot het koud en stevig is, minimaal een uur of twee en maximaal 1 dag van tevoren.

b) Bekleed een bakplaat met plasticfolie. Vorm met je natte handen en een lepel balletjes van het beslag ter grootte van kleine walnoten en leg ze op de bakplaat.

c) Laat de matze-balletjes in een grote pan met zacht kokend gezouten water vallen. Dek gedeeltelijk af met een deksel en zet het vuur laag. Laat zachtjes sudderen tot het gaar is, ongeveer 30 minuten.

d) Breng de knaidlach met een schuimspaan over op een schone bakplaat waar ze kunnen afkoelen en laat ze vervolgens maximaal een dag afkoelen. Of ze kunnen meteen de hete soep in.

e) Voor de soep: verwijder het overtollige vet van de kip en gooi het weg. Giet de olie in een zeer grote pan of in een braadpan en schroei de stukken kip aan alle kanten op hoog vuur, 3 tot 4 minuten. Haal het uit de pan, gooi de olie weg en veeg de pan schoon. Voeg de wijn toe en laat een minuutje borrelen. Doe de kip terug, bedek hem met water en breng heel zachtjes aan de kook. Laat ongeveer 10 minuten sudderen en schep het schuim weg. Voeg de wortels, selderij, uien en raap toe. Bind alle kruiden in een bundel met touw en voeg ze toe aan de pot. Voeg de laurierblaadjes, gember, peperkorrels, piment en 1½ theelepel zout toe en giet er voldoende water bij om alles goed te bedekken.

f) Breng de soep weer heel zachtjes aan de kook en kook gedurende 1½ uur, waarbij u af en toe afschuimt en indien nodig water toevoegt om alles goed bedekt te houden. Haal de kip uit de soep en haal het vlees van de botten. Bewaar het vlees in een kom met een beetje bouillon om het vochtig te houden en zet het in de koelkast; reserveren voor een ander gebruik. Doe de botten terug in de pan en laat nog een uur sudderen. Voeg net genoeg water toe om de botten en de groenten onder water te houden. Zeef de hete soep en gooi de kruiden, groenten en botten weg. Verwarm de gekookte knaidlach in de soep. Als ze warm zijn, serveer de soep en knaidlach in ondiepe kommen, bestrooid met dille.

94. Pittige freekehsoep met gehaktballetjes

Maakt: 6
GEHAKTBALLEN

INGREDIËNTEN
- 400 g rundergehakt, lamsvlees of een combinatie van beide
- 1 kleine ui (5 oz / 150 g in totaal), fijngesneden
- 2 el fijngehakte platte peterselie
- ½ theelepel gemalen piment
- ¼ theelepel gemalen kaneel
- 3 eetlepels bloem voor alle doeleinden
- 2 eetlepels olijfolie
- zout en versgemalen zwarte peper
- SOEP
- 2 eetlepels olijfolie
- 1 grote ui (9 oz / 250 g in totaal), gehakt
- 3 teentjes knoflook, geperst
- 2 wortels (9 oz / 250 g in totaal), geschild en in blokjes van ⅜ inch / 1 cm gesneden
- 2 stengels bleekselderij (5 oz / 150 g in totaal), gesneden in blokjes van ⅜ inch / 1 cm
- 3 grote tomaten (12 oz / 350 g in totaal), gehakt
- 2½ eetlepel / 40 g tomatenpuree
- 1 el baharat kruidenmix (gekocht in de winkel of zie recept)
- 1 eetl gemalen koriander
- 1 kaneelstokje
- 1 el superfijne suiker
- 1 kop / 150 g gekraakte freekeh
- 2 kopjes / 500 ml runderbouillon
- 2 kopjes / 500 ml kippenbouillon
- 3¼ kopjes / 800 ml heet water
- ⅓ oz / 10 g koriander, gehakt
- 1 citroen, in 6 partjes gesneden

INSTRUCTIES

a) Begin met de gehaktballetjes. Meng in een grote kom het vlees, de ui, peterselie, piment, kaneel, ½ theelepel zout en ¼ theelepel peper. Meng het goed met je handen, vorm het mengsel tot pingpongballetjes en rol ze door de bloem; je krijgt er ongeveer 15. Verhit de olijfolie in een grote braadpan en bak de gehaktballetjes op middelhoog vuur een paar minuten, tot ze aan alle kanten goudbruin zijn. Haal de gehaktballetjes eruit en zet apart.

b) Veeg de pan schoon met keukenpapier en voeg de olijfolie toe voor de soep. Fruit op middelhoog vuur de ui en knoflook gedurende 5 minuten. Roer de wortels en de selderij erdoor en kook 2 minuten. Voeg de tomaten, tomatenpuree, kruiden, suiker, 2 theelepels zout en ½ theelepel peper toe en kook nog 1 minuut. Roer de freekeh erdoor en kook 2 tot 3 minuten. Voeg de bouillon, het hete water en de gehaktballetjes toe. Breng aan de kook, zet het vuur laag en laat nog eens 35 tot 45 minuten zachtjes koken, af en toe roeren, tot de freekeh mollig en zacht is. De soep moet behoorlijk dik zijn. Verminder of voeg indien nodig een beetje water toe. Proef ten slotte en pas de smaak aan.

c) Schep de hete soep in kommen en bestrooi met de koriander. Serveer de partjes citroen ernaast.

NAGERECHT

95. Zoete Filo-sigaren

Maakt: ONGEVEER 12 SIGAREN

INGREDIËNTEN
- 1 kopje / 80 g gesneden amandelen
- ½ kopje / 60 g ongezouten pistachenoten, plus extra, geplet, om te garneren
- 5 eetlepels water
- ½ kopje / 80 g vanillesuiker
- 1 groot vrije-uitloop ei, gescheiden, wit geklopt
- 1 eetl geraspte citroenschil
- filodeeg, in twaalf vierkanten van 18 cm gesneden
- arachideolie, om te frituren
- ½ kopje / 180 g honing van goede kwaliteit

INSTRUCTIES

a) Meng de amandel en pistache in een keukenmachine tot een fijne pasta. Doe de aardnoten in een koekenpan en voeg 4 eetlepels water en de suiker toe. Kook op zeer laag vuur tot de suiker is opgelost, ongeveer 4 minuten. Haal de pan van het vuur en voeg de eierdooier en de citroenschil toe en roer ze door het mengsel.

b) Leg 1 vel bladerdeeg op een schoon oppervlak. Verdeel ongeveer 1 eetlepel van het notenmengsel in een dunne strook langs de rand die het dichtst bij u ligt, en laat aan de linker- en rechterkant 2 cm vrij. Vouw de twee kanten over de pasta om deze aan beide uiteinden vast te houden en rol van je af om een compacte sigaar te creëren. Plooi de bovenrand naar binnen en sluit deze af met een klein beetje van het losgeklopte eiwit. Herhaal met het deeg en de vulling.

c) Giet voldoende olie in een koekenpan zodat de zijkanten 2 cm omhoog komen. Verhit de olie op middelhoog vuur en bak de sigaren gedurende 10 seconden aan elke kant, tot ze goudbruin zijn.

d) Leg de sigaren op een bord bekleed met keukenpapier en laat afkoelen. Doe de honing en de resterende 1 eetlepel water in een kleine pan en breng aan de kook. Als de honing en het water heet zijn, dompelt u de afgekoelde sigaren een minuutje lichtjes in de siroop en roert u voorzichtig tot ze goed bedekt zijn. Verwijder en schik op een serveerschaal. Bestrooi met de gemalen pistachenoten en laat afkoelen.

96. Gepureerde bieten met yoghurt & za'atar

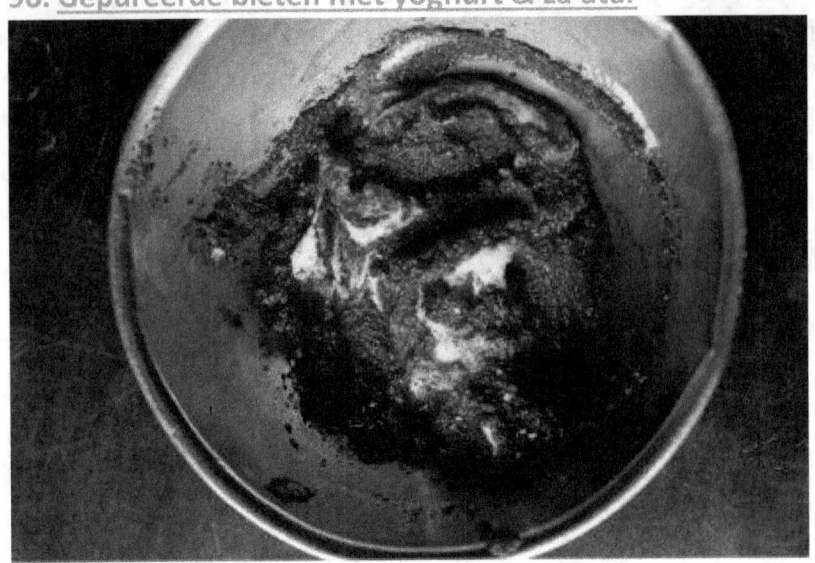

Maakt: 6

INGREDIËNTEN
- 2 lb / 900 g middelgrote bieten (ongeveer 1 lb / 500 g in totaal na koken en schillen)
- 2 teentjes knoflook, geperst
- 1 kleine rode chilipeper, zonder zaadjes en fijngehakt
- afgerond 1 kopje / 250 g Griekse yoghurt
- 1½ el dadelsiroop
- 3 el olijfolie, plus extra om het gerecht af te maken
- 1 eetl za'atar
- zout

OM TE GARNEREN
- 2 groene uien, in dunne plakjes gesneden
- 2 eetlepels / 15 g geroosterde hazelnoten, grof gemalen
- 2 oz / 60 g zachte geitenkaas, verkruimeld

INSTRUCTIES

a) Verwarm de oven voor op 200°C.

b) Was de bieten en doe ze in een braadslede. Zet ze in de oven en kook, onbedekt, tot een mes gemakkelijk in het midden glijdt, ongeveer 1 uur. Zodra ze voldoende zijn afgekoeld om te hanteren, schilt u de bieten en snijdt u ze in ongeveer 6 stukken. Laat afkoelen.

c) Doe de bieten, knoflook, chili en yoghurt in een keukenmachine en mix tot een gladde pasta. Doe het mengsel in een grote mengkom en roer de dadelsiroop, olijfolie, za'atar en 1 theelepel zout erdoor. Proef en voeg eventueel meer zout toe.

d) Breng het mengsel over naar een plat bord en gebruik de achterkant van een lepel om het over het bord te verdelen. Strooi de groene uien, hazelnoten en kaas erover en besprenkel ten slotte met een beetje olie. Serveer op kamertemperatuur.

97. Kaach Bilmalch

Maakt: 30 TOT 40 KOEKJES

INGREDIËNTEN
- 4 kopjes / 500 g bloem voor alle doeleinden, gezeefd
- 6½ el / 100 ml zonnebloemolie
- 6½ eetlepel / 100 g ongezouten boter, in blokjes gesneden en zacht laten worden
- 1 theelepel snel rijzende actieve droge gist
- 1 theelepel bakpoeder
- 1 theelepel suiker
- 1½ theelepel zout
- ½ theelepel gemalen komijn
- 1½ el venkelzaad, geroosterd en heel licht geplet
- ongeveer 6½ eetlepel / 100 ml water
- 1 groot vrije-uitloop ei, losgeklopt
- 2 theelepels witte en zwarte sesamzaadjes

DIPSAUS
- 35 g platte peterselie (stengels en bladeren)
- 1 teentje knoflook, geperst
- 2 eetlepels / 25 g lichte tahinipasta
- ½ kopje / 125 g Griekse yoghurt
- 5 theelepels / 25 ml vers geperst citroensap
- snufje zout

INSTRUCTIES
a) Verwarm de oven voor op 200°C. Doe de gezeefde bloem in een grote kom en maak een kuiltje in het midden. Giet de olie in het kuiltje, voeg de boter, gist, bakpoeder, suiker, zout en kruiden toe en roer goed door elkaar tot er een deeg ontstaat. Voeg het water geleidelijk al roerend toe tot het deeg glad is. Kneed een paar minuten.

b) Bekleed een bakplaat met bakpapier. Maak kleine balletjes van het deeg, elk ongeveer 25 gram. Rol de ballen op een schoon oppervlak uit tot lange slangen van ongeveer ⅜ inch / 1 cm dik en 5 tot 5½ inch / 12 tot 13 cm lang. Vorm elke slang tot een gesloten ring en leg deze op de bakplaat, met een onderlinge afstand van ongeveer 2 cm. Bestrijk elke ring met het ei en bestrooi lichtjes met de sesamzaadjes. Laat 30 minuten rijzen.

c) Bak de koekjes in 22 minuten goudbruin. Laat afkoelen voordat u ze in een schone pot of luchtdichte verpakking bewaart. Ze zijn maximaal 10 dagen houdbaar.

d) Om de dipsaus te maken, meng je alle ingrediënten door elkaar tot een uniforme groene saus. Voeg een eetlepel water toe als de saus erg dik is; je wilt een mooie consistentie van de coating.

98. Burekas

Voor: 18 KLEINE GEBAKJES

INGREDIËNTEN
- 500 g bladerdeeg van de beste kwaliteit, volledig uit boter
- 1 groot vrije-uitloop ei, losgeklopt

RICOTTAVULLING
- ¼ kopje / 60 g kwark
- ¼ kopje / 60 g ricottakaas
- ⅔ kopje / 90 verkruimelde fetakaas
- 2 theelepels / 10 g ongezouten boter, gesmolten

PECORINOVULLING
- 3½ el / 50 g ricottakaas
- ⅔ kop / 70 g geraspte oude pecorinokaas
- ⅓ kopje / 50 g geraspte oude Cheddar-kaas
- 1 prei, in partjes van 5 cm gesneden, geblancheerd tot ze gaar zijn en fijngehakt (¾ kopje / 80 g in totaal)
- 1 eetl fijngehakte platte peterselie
- ½ theelepel versgemalen zwarte peper

ZADEN
- 1 theelepel nigellazaad
- 1 theelepel sesamzaadjes
- 1 theelepel geel mosterdzaad
- 1 theelepel karwijzaad
- ½ theelepel chilivlokken

INSTRUCTIES

a) Rol het deeg uit in twee vierkanten van 30 cm, elk 3 mm dik. Leg de bladerdeegvellen op een met bakpapier beklede bakplaat (ze kunnen op elkaar rusten, met een vel bakpapier ertussen) en laat ze 1 uur in de koelkast staan.

b) Plaats elke set ingrediënten voor de vulling in een aparte kom. Meng en zet opzij. Meng alle zaden in een kom en zet opzij.

c) Snijd elk bladerdeegblad in vierkanten van 4 inch / 10 cm; je zou in totaal 18 vierkanten moeten krijgen. Verdeel de eerste vulling gelijkmatig over de helft van de vierkanten en schep deze in het midden van elk vierkant. Bestrijk twee aangrenzende randen van elk vierkant met ei en vouw het vierkant vervolgens dubbel om een driehoek te vormen. Duw eventuele lucht eruit en knijp de zijkanten stevig tegen elkaar. Je wilt de randen heel goed aandrukken, zodat ze niet opengaan tijdens het koken. Herhaal met de overige deegvierkantjes en de tweede vulling. Leg het op een met bakpapier beklede bakplaat en zet het minimaal 15 minuten in de koelkast om op te stijven. Verwarm de oven voor op 220°C.

d) Bestrijk de twee korte randen van elk deeg met ei en doop deze randen in het zaadmengsel; een kleine hoeveelheid zaden, slechts ⅙ inch / 2 mm breed, is alles wat nodig is, omdat ze behoorlijk dominant zijn. Bestrijk de bovenkant van elk bladerdeeg ook met wat ei, vermijd de zaadjes.

e) Zorg ervoor dat de gebakjes ongeveer 3 cm uit elkaar staan. Bak gedurende 15 tot 17 minuten, tot ze rondom goudbruin zijn. Serveer warm of op kamertemperatuur. Als tijdens het bakken een deel van de vulling uit de gebakjes morst, kunt u deze er voorzichtig weer in stoppen als ze voldoende zijn afgekoeld om te hanteren.

99. Graybeh

Maakt: ONGEVEER 45 KOEKJES

INGREDIËNTEN

- ¾ kopje plus 2 eetlepels / 200 g ghee of geklaarde boter, uit de koelkast, zodat het stevig is
- ⅔ kopje / 70 g banketbakkerssuiker
- 3 kopjes / 370 g bloem voor alle doeleinden, gezeefd
- ½ theelepel zout
- 4 theelepels oranjebloesemwater
- 2½ theelepel rozenwater
- ongeveer 5 eetlepels / 30 g ongezouten pistachenoten

INSTRUCTIES

a) In een keukenmixer voorzien van een zweepopzetstuk, meng je de ghee en de suiker van de banketbakker gedurende 5 minuten, tot het luchtig, romig en bleek is. Vervang de zweep door het klopperopzetstuk, voeg de bloem, het zout, de oranjebloesem en het rozenwater toe en meng ruim 3 tot 4 minuten, tot er een uniform, glad deeg ontstaat. Wikkel het deeg in plasticfolie en laat het 1 uur afkoelen.

b) Verwarm de oven voor op 180°C. Knijp een stuk deeg, met een gewicht van ongeveer ½ oz / 15 g, en rol het tot een bal tussen je handpalmen. Druk het een beetje plat en leg het op een bakplaat bekleed met bakpapier. Herhaal met de rest van het deeg, plaats de koekjes op beklede vellen en plaats ze goed uit elkaar. Druk 1 pistache in het midden van elk koekje.

c) Bak gedurende 17 minuten en zorg ervoor dat de koekjes geen kleur aannemen, maar gewoon doorkoken. Haal uit de oven en laat volledig afkoelen. Bewaar de koekjes maximaal 5 dagen in een luchtdichte verpakking.

100. Mutabbaq

Maakt: 6

INGREDIËNTEN
- ⅔ kopje / 130 g ongezouten boter, gesmolten
- 14 vellen filodeeg, 31 bij 39 cm
- 2 kopjes / 500 g ricottakaas
- 250 g zachte geitenkaas
- gemalen ongezouten pistachenoten, om te garneren (optioneel)
- SIROOP
- 6 eetlepels / 90 ml water
- afgeronde 1⅓ kopjes / 280 g superfijne suiker
- 3 eetlepels vers geperst citroensap

INSTRUCTIES
a) Verwarm de oven tot 230°C. Bestrijk een bakplaat met een ondiepe rand van ongeveer 28 bij 37 cm met een deel van de gesmolten boter. Leg er een vel filodeeg op, stop het in de hoeken en laat de randen overhangen. Bestrijk het geheel met boter, leg er nog een vel op en bestrijk het opnieuw met boter. Herhaal het proces totdat je 7 vellen gelijkmatig gestapeld hebt, elk bestreken met boter.

b) Doe de ricotta en geitenkaas in een kom en prak alles met een vork fijn. Verdeel het over het bovenste filovel en laat 2 cm vrij rond de rand. Bestrijk het oppervlak van de kaas met boter en beleg met de overige 7 vellen filodeeg. Bestrijk elk velletje om de beurt met boter.

c) Gebruik een schaar om ongeveer 2 cm van de rand af te snijden, maar zonder de kaas te bereiken, zodat deze goed in het deeg blijft zitten. Gebruik je vingers om de randen van het filodeeg voorzichtig onder het deeg te duwen, zodat je een mooie rand krijgt. Bestrijk het geheel met meer boter. Gebruik een scherp mes om het oppervlak in vierkanten van ongeveer 7 cm te snijden, zodat het mes bijna de bodem kan bereiken, maar niet helemaal. Bak gedurende 25 tot 27 minuten, tot ze goudbruin en knapperig zijn.

d) Terwijl het deeg bakt, bereidt u de siroop. Doe het water en de suiker in een kleine pan en meng goed met een houten lepel. Zet op middelhoog vuur, breng aan de kook, voeg het citroensap toe en laat 2 minuten zachtjes koken. Haal van het vuur.

e) Giet de siroop langzaam over het deeg zodra je het uit de oven haalt, en zorg ervoor dat het gelijkmatig intrekt. Laat 10 minuten afkoelen. Bestrooi eventueel met de gemalen pistachenoten en snijd ze in porties.

CONCLUSIE

Nu we het hoogtepunt bereiken van onze culinaire reis door 'Het ultieme kookboek voor het Midden-Oosten', hopen we dat je hebt genoten van het rijke scala aan smaken die deze buitengewone keuken definiëren. Elk recept op deze pagina's is een bewijs van de eeuwenoude culinaire tradities, de diverse regionale invloeden en de kunstzinnigheid die de keuken van het Midden-Oosten heeft gevormd.

Of je nu hebt genoten van de aromatische kruiden van een Marokkaanse tajine, hebt geproefd van de romige texturen van Libanese mezze, of je hebt overgegeven aan de zoetheid van Perzische desserts, wij vertrouwen erop dat deze 100 recepten je naar het hart van de culinaire uitmuntendheid van het Midden-Oosten hebben gebracht.

Mogen de verhalen en tradities die in elk gerecht zijn verweven, buiten de keuken, in uw geheugen blijven hangen, waardoor een diepere waardering ontstaat voor het culturele erfgoed dat gepaard gaat met de Midden-Oosterse keuken. Terwijl u de smaken van deze boeiende regio blijft ontdekken, mogen uw culinaire avonturen gevuld zijn met vreugde, ontdekking en de blijvende warmte van de gastvrijheid uit het Midden-Oosten. Proost op het genieten van 100 rijke smaken en de tijdloze allure van "Het ultieme kookboek voor het Midden-Oosten"!

www.ingramcontent.com/pod-product-compliance
Lightning Source LLC
Chambersburg PA
CBHW071303110526
44591CB00010B/757